Charlotte Joko Beck
Steven A. Smith
ZEN

Charlotte Joko Beck
Steven A. Smith

ZEN

Aus dem Amerikanischen
von Bettine Braun

Knaur

Von Charlotte Joko Beck sind außerdem erschienen:
Einfach Zen (Band 86070)
Zen im Alltag (Band 4236)

Dieses Buch wurde auf chlor- und säurefreiem Papier gedruckt.

Deutsche Erstausgabe September 1996

Titel der amerikanischen Originalausgabe: »Now Zen«

Originalverlag: Harper, San Francisco
Umschlaggestaltung: Agentur ZERO, München
Satz: Ventura Publisher im Verlag
Druck und Bindung: Franz Spiegel Buch GmbH, Ulm
Printed in Germany
ISBN 3-426-27016-1

2 4 5 3 1

Inhalt

Wurzel

Am Anfang des Zen-Übungsweges

Mein Hund macht sich keine Gedanken über den Sinn des Lebens. Es beunruhigt ihn vielleicht, wenn er sein Frühstück nicht bekommt, aber er sitzt nicht da und denkt darüber nach, ob er ein erfülltes Leben haben wird, ob er Freiheit oder Erleuchtung erlangen wird. Solange er etwas zu fressen und ein bißchen Zuneigung bekommt, ist er mit seinem Leben zufrieden. Wir Menschen sind nicht wie Hunde. Wir haben einen egozentrischen Kopf, der uns in die größten Schwierigkeiten bringt. Wenn wir nicht zu der Erkenntnis kommen, daß der Fehler in der Art liegt, wie wir denken, wird das Bewußtsein, das wir von uns selbst haben und das unsere höchste Gabe ist, zugleich auch unser Scheitern bewirken.

Bis zu einem gewissen Grad finden wir alle das Leben schwierig, verwirrend und bedrückend. Selbst wenn alles gutgeht, was manchmal eine Weile lang der Fall ist, machen wir uns Sorgen, daß es wahrscheinlich nicht so bleiben wird. Je nach unserer persönlichen Geschichte treten wir mit sehr gemischten Gefühlen gegenüber diesem Leben in unser Erwachsenendasein ein. Wenn ich Ihnen sagen würde, daß Ihr Leben schon vollkommen, daß es ganz vollendet ist, so wie es ist, würden Sie mich für verrückt halten. Niemand hält sein Leben für vollkommen. Aber da ist etwas in jedem von uns, das im Grunde weiß, daß wir unbegrenzt sind. Wir sind in dem Widerspruch befangen, daß wir das Leben einerseits als ziemlich verwirrendes Rätsel betrachten, das uns eine Menge Kummer bereitet, zugleich aber undeutlich ahnen, wie unbegrenzt und weit das Leben eigentlich ist. Und so beginnen wir nach einer Lösung des Rätsels zu suchen.

Dabei versuchen wir zunächst, die Antwort außerhalb unseres Selbst zu finden. Dabei bewegen wir uns vielleicht zunächst auf einer sehr gewöhnlichen Ebene. Es gibt viele Menschen auf der Welt, die glauben, wenn sie ein größeres Auto, ein schöneres Haus, mehr Ferien, einen verständnisvolleren Chef oder einen interessanteren Partner hätten, würden sie mit ihrem Leben zurechtkommen. Wir haben das alle einmal durchgemacht. Doch diese Bedingungen verlieren allmählich an Bedeutung. Kaum jemand von uns entgeht diesem Prozeß. Zunächst lassen wir die oberflächliche Ebene ganz allmählich hinter uns. Dann suchen wir auf subtileren Ebenen. Schließlich wenden wir uns einer spirituellen Schule zu auf unserer Suche nach der Sache außerhalb unseres Selbst, von der wir hoffen, sie würde unseren Mangel beheben. Leider neigen wir dazu, uns auf diese neue Suche mit der alten Einstellung zu begeben. Die meisten Menschen, die ins *Zen*-Zentrum kommen, glauben nicht mehr, daß ein Cadillac ihnen Erfüllung bringen könnte, aber sie glauben, Erleuchtung könne es. Jetzt haben sie wieder etwas, nach dem sie sich in Sehnsucht verzehren, ein neues »Wenn ich nur ...« »Wenn ich nur verstehen könnte, was Erkenntnis ist, dann wäre ich glücklich.« »Wenn ich nur eine Ahnung davon bekommen könnte, was Erleuchtung ist, ja dann wäre ich glücklich.« Wenn wir mit dem *Zen*-Übungsweg beginnen, bringen wir unsere alten Vorstellungen mit, daß wir irgend etwas erreichen werden – die Erleuchtung – und dann endlich gefunden haben, was wir bisher immer so entbehren mußten.

Unser ganzes Leben besteht darin, daß dieses kleine Subjekt nach draußen schaut, auf der Suche nach einem Objekt. Doch wenn wir etwas Begrenztes haben, wie Körper und Geist, und nach etwas suchen, das außerhalb ihrer liegt, wird auch dies zum Objekt und ist damit ebenso begrenzt. Also sucht etwas Begrenztes nach etwas Begrenztem, und so ist man auch nicht klüger als vorher, als einen das ewige Begehren so unglücklich gemacht hat.

Wir alle haben viele Jahre damit zugebracht, eine konditionierte Weltanschauung zu entwickeln. Hier bin ich, und da draußen ist dieses »Etwas«, das mich verletzt oder mir gefällt. Wir neigen dazu, unser Leben mit dem Versuch zu verbringen, alles, was uns verletzt oder mißfällt, zu vermeiden und die Objekte, Menschen oder Situationen herauszufinden, von denen wir glauben, sie bereiteten uns Schmerz oder Vergnügen, wobei wir das eine vermeiden und dem anderen nachjagen. Und das tun wir alle, ohne Ausnahme. Wir stehen außerhalb unseres Lebens, betrachten es, analysieren es, beurteilen es und suchen die Antwort auf die Fragen: »Was habe ich davon? Bereitet es mir Vergnügen? Tröstet es mich? Sollte ich es vermeiden?« Wir tun das von morgens bis abends. Unter unseren hübschen, freundlichen Fassaden liegt tiefes Unbehagen. Wenn ich bei jedem ein bißchen am Lack kratzen würde, fände ich darunter Angst, Schmerz und wilde Verzweiflung. Wir haben alle unsere Methoden, diese Gefühle zu verbergen. Wir essen zu viel, wir trinken zu viel, wir arbeiten zu viel, wir sehen zu viel fern. Manche Menschen leben so bis zu dem Tag, an dem sie sterben. Im Laufe der Jahre wird es immer schlimmer. Was einem mit fünfundzwanzig noch nicht so schlimm vorkommt, sieht schrecklich aus, wenn man einmal fünfzig ist. Wir alle kennen Menschen, die beinahe schon gestorben sind; sie haben sich so sehr hinter ihren begrenzten Ansichten verschanzt, daß es für ihre Umgebung ebenso schmerzhaft wie für sie selbst ist. Beweglichkeit, Lebensfreude, Lebensschwung sind dahin. Und diese eher düstere Möglichkeit haben wir alle vor uns, es sei denn, wir erkennen die Tatsache, daß wir mit unserem Leben arbeiten müssen, daß wir üben müssen. Wir müssen das Trugbild durchschauen, daß es ein »Ich« gibt, das von »dem dort« getrennt ist. Bei unserem Üben geht es darum, diese Kluft aufzuheben. Erst in dem Augenblick, in dem wir und das Objekt eins werden, können wir unser Leben wirklich erkennen.

Erleuchtung ist nicht etwas, das man erlangen kann. Es ist die Abwesenheit von »Etwas«. Ihr ganzes Leben lang sind Sie hinter etwas hergewesen, haben nur ein Ziel verfolgt. Erleuchtung bedeutet, all das aufzugeben. Doch davon zu sprechen, nützt wenig. Jeder einzelne muß den Weg des Übens gehen. Es gibt keinen Ersatz. Wir können Bücher darüber lesen, bis wir tausend Jahre alt sind, ohne daß sich für uns etwas verändert. Wir alle müssen üben, wir müssen mit vollem Einsatz üben – und das bis ans Ende unseres Lebens.

Was wir wirklich wollen, ist ein natürliches Leben. Unser Leben ist so unnatürlich geworden, daß ein Übungsweg wie der des *Zen* am Anfang außerordentlich schwierig für uns ist. Doch sobald wir zu ahnen beginnen, daß das Problem im Leben nicht außerhalb von uns selbst liegt, haben wir angefangen, diesen Weg zu gehen. Wenn wir einmal erwacht sind und sehen, daß das Leben offener und freudvoller sein kann, als wir es je für möglich gehalten haben, *wollen* wir üben.

Wir unterwerfen uns einer Disziplin wie dem *Zen*-Übungsweg, damit wir lernen können, auf vernünftige Weise zu leben. *Zen* ist schon fast tausend Jahre alt und längst aus den Kinderschuhen heraus; es ist zwar nicht einfach, aber es ist auch nicht unmäßig schwer. Es ist konkret und sehr praktisch. Es geht darin um unser alltägliches Leben. Es geht darum, im Büro besser arbeiten zu können, unsere Kinder besser erziehen zu können, bessere Beziehungen zu haben. Ein gesünderes und befriedigenderes Leben entspricht einem gesunden, ausgeglichenen, praktischen Üben. Wir wollen eine Möglichkeit finden, mit der Unvernunft umgehen zu lernen, die aus unserer Blindheit entspringt.

Es braucht Mut, gut zu sitzen. *Zen* ist keine Disziplin

für jeden. Wir müssen bereit sein, etwas zu tun, was nicht einfach ist. Wenn wir es mit Geduld und Ausdauer tun, unter Anleitung eines guten Lehrers, bekommen wir allmählich Boden unter die Füße, unser Leben wird ausgeglichener. Unsere Gefühle sind dann nicht mehr so beherrschend. Wenn wir mit dem Sitzen beginnen, merken wir, daß es vor allem darum geht, an unseren geschäftigen, chaotischen Gedanken zu arbeiten. Wir alle sind in krampfhaftem Denken befangen, und beim Üben geht es darum, dieses Denken allmählich klar und maßvoll werden zu lassen. Wenn der Geist klar und ausgeglichen wird und nicht mehr von Objekten gefangen ist, kann eine Öffnung geschehen, und wir erkennen für einen Augenblick, wer wir wirklich sind.

Wir können aber nicht ein oder zwei Jahre sitzen und glauben, daß wir es dann beherrschen. *Za-zen* ist etwas, das wir unser Leben lang üben. Der inneren Öffnung, die einem Menschen möglich ist, sind keine Grenzen gesetzt. Schließlich sehen wir, daß wir der grenzenlose Urgrund des Universums sind. Wir geben dann unser Leben daran, uns für diese unendliche Weite zu öffnen und sie zum Ausdruck zu bringen. Wenn wir immer stärker mit dieser Wirklichkeit in Beziehung sind, bewirkt das Mitgefühl für andere Menschen und verändert unser alltägliches Leben. Wir leben anders, wir arbeiten anders, wir gehen anders mit den Menschen um. *Zen* ist ein lebenslanges Studium. Es geht nicht darum, eine halbe oder dreiviertel Stunde am Tag auf einem Kissen zu sitzen. Unser ganzes Leben wird zur Übung, vierundzwanzig Stunden am Tag.

Suchen Sie nicht nach irgendeinem wunderbaren Ort, an dem keine Gedanken mehr sind. Da Gedanken im Grunde nichts Reales sind, werden sie von irgendeinem Punkt an schwächer und weniger aufdringlich, und Sie können bemerken, daß es gewisse Perioden gibt, in denen sie völlig zu verblassen beginnen, weil wir sehen, daß sie gar nicht real sind. Irgendwann werden sie sich einfach im Sande verlaufen, ohne daß Sie so recht merken, wie. Es sind die Gedanken, mit denen wir uns zu schützen versuchen. Keiner von uns möchte sie wirklich aufgeben, denn an ihnen hängen wir. Die einzige Möglichkeit, schließlich zu erkennen, wie unwirklich sie sind, liegt darin, den Film einfach ablaufen zu lassen. Wenn wir denselben Film fünfhundertmal gesehen haben, wird er unweigerlich langweilig!

Es gibt zwei Arten von Gedanken. Es ist nichts gegen Kopfarbeit in dem Sinne zu sagen, was ich mit »praktischem Denken« meine. Wir müssen denken, wenn wir in die andere Ecke des Zimmers gehen, einen Kuchen backen oder ein physikalisches Problem lösen wollen. Dazu ist der Verstand auch da. Hier kann man nicht von wirklich oder unwirklich sprechen; er ist einfach das, was er ist. Meinungen, Urteile, Erinnerungen, Zukunftsträume – neunzig Prozent der Gedanken, die in unserem Kopf kreisen, haben keine existentielle Wirklichkeit. Und wenn wir nicht erwachen, verbringen wir unser Leben von der Geburt bis zum Tod damit und vergeuden unsere Zeit. Das Grauenhafte am *Za-zen* (und es ist grausam, glauben Sie mir) ist, daß wir allmählich sehen, was sich in unserem Kopf wirklich abspielt. Es ist für uns alle ein Schock. Wir sehen, daß wir gewalttätig, von Vorurteilen geprägt und egozentrisch sind. Wir sind es, weil ein konditioniertes Leben, das auf falschem Denken beruht, dazu führt. Die Menschen sind im Grunde gut, freundlich, mitfühlend, aber man muß schon lange graben, um diesen verborgenen Schatz zutage zu fördern.

SCHÜLER: Sie sagen, daß, wenn unsere Hochs und Tiefs eine Weile gedauert haben, die Unordnung im Kopf allmählich nachläßt und schließlich ganz zur Ruhe kommt?

JOKO: Damit wollte ich nicht sagen, daß wir nicht immer wieder beunruhigt sein werden. Ich meinte, daß wir es nicht festhalten sollten, wenn wir solch eine Beunruhigung spüren. Wenn wir wütend werden, sind wir einen Augenblick lang wütend. Andere nehmen das vielleicht noch nicht einmal wahr. Das ist alles. Wir halten unsere Wut nicht fest, wir beginnen nicht, in Gedanken darum zu kreisen. Das soll nicht heißen, daß wir nach Jahren des Übens zu einem gefühllosen Wunderwesen werden. Ganz im Gegenteil. Wir haben dann viel ursprünglichere Emotionen und stärkeres Mitgefühl für die Menschen. Wir sind nicht mehr so mit unserem Innenleben beschäftigt.

SCHÜLER: Könnten Sie etwas zu unserer Alltagsarbeit als Teil des Übens sagen?

JOKO: Die Arbeit ist der wichtigste Teil der *Zen*-Praxis und des Übens. Was wir auch tun, wir sollten es mit Hingabe und vollkommener Aufmerksamkeit für das, was wir vor uns haben, tun. Wenn wir den Ofen reinigen, sollten wir nichts als dies tun und uns der Gedanken bewußt sein, die die Arbeit unterbrechen. »Ich hasse es, den Ofen zu reinigen. Ammoniak stinkt! Wer macht schon gerne so etwas? Ein gebildeter Mensch sollte so etwas gar nicht tun müssen.« All das sind überflüssige Gedanken, die mit dem Reinigen des Ofens nichts zu tun haben. Wenn die Gedanken abschweifen, kehre man zur Arbeit zurück. Da ist auf der einen Seite die konkrete Aufgabe, die wir gerade erfüllen, und auf der anderen Seite sind all die Überlegungen, die sich darum ranken. Arbeiten heißt, sich einfach damit beschäftigen, was jetzt getan werden muß; doch auf diese Weise arbeiten sehr wenige von uns. Wenn wir geduldig üben, beginnt uns die Arbeit allmählich leicht von der Hand zu gehen. Wir tun einfach immer genau das, was gerade getan werden muß.

Wie Ihr Leben auch aussehen mag, ich möchte Sie ermutigen, es zur Übung werden zu lassen.

Gefangene der Angst

Wir kennen alle dieses Bild: Das »hohe« Tier, das bis zehn Uhr abends arbeitet, ständig am Telefon hängt, nebenbei ein Sandwich verschlingt. Sein armer Körper kommt zu kurz. Er glaubt, daß seine Schufterei notwendig ist, um sich ein »angenehmes Leben« schaffen zu können. Und er sieht nicht, daß sein Leben vom Wunschdenken bestimmt wird, wie unser aller Leben. Da uns Wünsche beherrschen, haben wir nur eine blasse Ahnung von der grundlegenden Wahrheit unseres Daseins.
Die meisten Menschen, die nicht irgendeine Art von Übungsweg gehen, sind ziemlich egozentrisch. Sie sind beherrscht von ihren Wünschen und Begierden, wichtig zu sein, dieses oder jenes zu besitzen, reich zu sein, berühmt zu sein. Natürlich gilt das für alle von uns in gewissem Maß. Wenn wir üben, beginnen wir zu ahnen, daß unser Leben nicht so läuft, wie es die Werbung behauptet. Die Werbung will einem

weismachen, daß das Leben großartig ist, wenn man das neueste Make-up benutzt oder den neuesten Garagentoröffner kauft. Ist es nicht so? Natürlich finden die meisten von uns keineswegs, daß das so ist. Und wir beginnen dann auch allmählich zu sehen, daß unsere Lebensweise nicht stimmt. Es stimmt etwas nicht mit der egozentrischen Gier, die unser Leben bestimmt. Danach kommen wir in ein zweites Stadium: »Nun, wenn ich mit meiner Egozentrik nicht weiterkomme, dann werde ich selbstlos sein.« Bei den meisten religiösen Wegen (leider auch bei manchen *Zen*-Wegen) geht es um Selbstlosigkeit. Wir erkennen, wie böse, wie lieblos wir sind und verlegen uns auf einen neuen Wunsch: freundlich, gut, geduldig zu sein. Mit diesem Wunsch geht immer ein Schuldgefühl einher: Wenn wir unser Bild davon, wie wir zu sein hätten, nicht erfüllen, fühlen wir uns schuldig. Und so versuchen wir wieder etwas zu sein, was wir nicht sind. Wir versuchen herauszufinden, wie wir anders werden können, als wir sind. Und können wir unsere Ideale nicht erfüllen, so entstehen Schuldgefühle und Depressionen. Auf unserem Übungsweg durchlaufen wir beide Stadien. Wir sehen, daß wir böse, gierig, grob, egozentrisch, ehrgeizig sind. Und entwickeln einen neuen Ehrgeiz, nämlich den, selbstlos zu sein. »So etwas darf ich nicht denken. Nun bin ich schon so lange hier gesessen, warum bin ich immer noch gierig und böse? Ich sollte von jetzt an besser sein.« Wir alle tun das. Fast jede religiöse Praxis begeht das Mißverständnis, darauf abzuzielen, einen guten Menschen hervorzubringen, der keine schlechten Dinge tut oder denkt. Auch manche *Zen*-Zentren bemühen sich darum. Das führt zu Arroganz und Selbstgerechtigkeit, denn wenn man es richtig macht, was ist dann mit all den anderen, die die Wahrheit nicht kennen und es nicht richtig machen? Zu mir haben schon Leute gesagt: »Unsere *Sesshins* beginnen um drei Uhr morgens. Und Ihre? Ach, erst um vier Uhr fünfzehn?« In diesem zweiten Stadium breitet sich gewaltige Arroganz aus. Im Schuldgefühl liegt ein gerüttelt Maß an Arroganz. Ich will damit nicht sagen, daß es schlecht ist, arrogant zu sein, aber wir sind es nun einmal, wenn wir es nicht erkennen.

Wir bemühen uns nach Kräften, gut zu sein. Ich habe schon gehört, wie Leute sagten: »Ich kam gerade aus einer *Sesshin*, da überholte mich jemand falsch, und ich werde doch tatsächlich ärgerlich. Was bin ich für ein schlechter Schüler ...« Wir alle neigen dazu. Doch alles Wollen, vor allem, wenn man etwas Bestimmtes sein oder tun will, kreist um Egozentrik und Angst. »Wenn ich vollkommen sein kann, wenn ich mich selbst verwirklicht habe, oder wenn ich erleuchtet bin, dann werde ich der Angst Herr sein.« Sehen Sie, wieviel Wunsch und Begierde darin liegt? Es ist eine starke Begierde, sich von dem, was man ist, zu einem Ideal hinbewegen zu wollen. Manche Menschen machen sich gar keine Gedanken über Erleuchtung, doch sie denken: »Ich sollte meinen Mann nicht anschreien.« Natürlich sollte man seinen Mann oder seine Frau nicht anschreien; doch die Bemühung, ein Mensch zu sein, der den Partner nicht anschreit, erhöht die Spannung nur noch.

Wenn man versucht, nicht mehr habsüchtig und unbescheiden zu sein, ist das, als nähme man alle düsteren und häßlichen Bilder aus einem Raum von der

Wand und hängte schöne Bilder auf. Ist dieser Raum aber eine Gefängniszelle, so hat man ihn zwar ein bißchen verschönert, aber die Freiheit, nach der man sich sehnt, fehlt einem noch immer. Unbescheidenheit, Ärgerlichkeit und Unwissenheit gegen Ideale auszutauschen – das Ideal, *nicht* unbescheiden, ärgerlich oder unwissend zu sein –, läßt vielleicht alles ein bißchen freundlicher erscheinen, aber wir bleiben dabei genauso unfrei.

Das erinnert mich an eine alte Geschichte über einen König, der sich wünschte, daß der Klügste seiner Untertanen zu seinem ersten Minister ernannt würde. Als die Wahl schließlich auf drei Männer gefallen war, stellte er sie auf eine schwere Probe: Er sperrte sie in einen Raum seines Palastes und brachte ein raffiniertes Schloß an der Tür an. Den Kandidaten wurde gesagt, daß der erste, dem es gelänge, die Tür zu öffnen, das hohe Amt erhalten sollte. Zwei von ihnen versuchten, durch komplizierte mathematische Formeln herauszufinden, wie die Kombination des Schlosses lautete. Der dritte saß eine Weile auf seinem Stuhl und ging dann, ohne eine Zeile aufgeschrieben zu haben, zur Tür und drückte den Griff herunter, und die Tür öffnete sich. Sie war die ganze Zeit unversperrt gewesen. Was soll uns diese Geschichte sagen? Die Gefängniszelle, in der wir leben und deren Wände wir immerzu verzweifelt zu verschönern versuchen, ist gar keine Gefängniszelle. In Wirklichkeit war die Tür nie verschlossen. Es gibt gar kein Schloß. Wir müssen nicht in unseren Zellen sitzen und um Freiheit kämpfen, indem wir verzweifelt versuchen, uns zu verändern, denn wir sind schon frei.

Das allein löst das Problem natürlich nicht. Wie können wir erkennen, daß wir frei sind? Wir sagten, daß Egozentrik und der Wunsch, selbstlos zu sein, gleichermaßen auf Angst beruhen. Selbst der Wunsch, weise oder vollkommen zu sein, entspringt der Angst. Wir würden dem gar nicht so nachjagen, wenn wir erkennen könnten, daß wir ja schon frei sind. So kommen wir beim Üben immer auf das gleiche zurück: wie wir klarer sehen können, wie wir vermeiden können, in Sackgassen zu rennen, z. B.: »Ich will selbstlos sein.« Wir sollten nicht versuchen, von unbewußter Egozentrik zu bewußter Selbstlosigkeit zu gelangen, sondern erkennen, wie töricht das zweite Stadium ist, oder wenn wir uns darin befinden, uns dessen zumindest bewußt sein. Notwendig ist es, in das dritte Stadium zu kommen, doch worin besteht das?

Zunächst müssen wir ganz klar zwischen den ersten beiden Stadien trennen. Das tun wir, indem wir zum Zeugen werden. Anstatt zu sagen: »Ich sollte nicht ungeduldig sein«, beobachten wir uns dabei, wie wir ungeduldig sind. Wir treten einen Schritt zurück und schauen einfach. Wir sehen die Wahrheit unserer Ungeduld. Die Wahrheit hat sicherlich nichts mit unserer Vorstellung von Freundlichkeit und Geduld zu tun; wenn wir dieses Bild malen, schieben wir Irritation und Ärger einfach weg, und sie werden später wiederkommen. Was ist die Wahrheit jener Augenblicke, in denen wir aus dem Gleichgewicht, in denen wir ungeduldig, eifersüchtig oder deprimiert sind? Wenn wir damit zu arbeiten beginnen, das heißt, wenn wir wirklich beobachten, was in unseren Köpfen passiert, dann sehen wir, daß wir ständig um

Wunschträume kreisen, wie wir sein sollten oder nicht sein sollten, oder wie jemand anders zu sein hätte; wie wir in der Vergangenheit waren, wie wir in der Zukunft sein werden oder wie wir die Dinge so hinbiegen können, daß wir bekommen, was wir haben wollen.

Wenn wir Abstand nehmen und ein geduldiger und ausdauernder Zeuge werden, beginnen wir zu erkennen, daß keines der beiden Stadien uns selbst oder irgend jemand anderem guttut. Und nur dann können wir, ohne es willentlich herbeizuführen, in das dritte Stadium übergehen. Das bedeutet, daß wir einfach die Wahrheit dieses Augenblicks der Ungeduld erleben, die Tatsache, daß wir uns ungeduldig fühlen. Wenn wir das tun können, sind wir der Dualität entronnen, die sagt, daß hier ich bin und dort das ist, was ich sein sollte. Wir kehren zu uns zurück, wie wir sind. Und wenn wir so leben, wie wir sind, beginnt die Ungeduld sich von selbst aufzulösen, da das einzige, was die Ungeduld aufrechterhält, unsere Gedanken sind.

Deshalb geht es bei unserem Üben darum, uns die

Angst bewußtzumachen, anstatt in unserer Zelle der Angst aufgeregt herumzulaufen und zu versuchen, sie zu verschönern und uns dabei besser zu fühlen. Alle unsere Bemühungen im Leben sind solche Fluchtversuche – wir versuchen, dem Leiden zu entfliehen, dem Schmerz darüber, was wir sind. Selbst Schuldgefühle sind eine Flucht. Die Wahrheit jedes Augenblicks ist immer die, daß wir einfach das sind, was wir sind. Das bedeutet, daß wir unsere Unfreundlichkeit spüren, wenn wir unfreundlich sind. Aber das wollen wir ja nicht. Wir wollen uns für freundliche Menschen halten. Oft aber sind wir es nun einmal nicht.
Wenn wir uns selbst erleben, wie wir sind, dann entsprießt aus diesem Tod des Ichs, aus diesem verdorrten Baum, eine Blüte – ein Bild aus dem wunderschönen Vers des Shōyō Rōku. Die Blüte erblüht nicht aus einem geschmückten, sondern aus einem verdorrten Baum. Wenn wir von unseren Idealen Abstand nehmen und sie genau betrachten, dann kehren wir zu dem zurück, was wir sind, und das ist die Klugheit des Lebens selbst.
Was haben diese Vorgänge mit Erleuchtung zu tun?

Wenn wir aus der Unwirklichkeit heraustreten, indem wir ihr Zeuge werden, sehen wir sie als das, was sie ist, und bewegen uns plötzlich in der Wirklichkeit. Vielleicht sehen wir sie zunächst nur für eine Sekunde, doch mit der Zeit werden es immer mehr solcher Sekunden. Und wenn wir mehr als neunzig Prozent unserer Zeit damit verbringen, die Wirklichkeit zu sehen, wie sie ist, dann sehen wir allmählich, was das Leben wirklich ist. Dann sind wir das Leben. Wenn wir etwas sind, dann erkennen wir es, ähnlich dem ernsthaften Fisch, der sein Leben damit verbrachte, von einem Lehrer zum nächsten zu schwimmen. Der Fisch wollte wissen, was der Ozean sei. Da sagten ihm manche Lehrer: »Nun, du mußt dich nach Kräften bemühen, ein guter Fisch zu sein. Es ist ein unermeßlich großer Bereich, den du da erforschen willst. Du mußt Stunden um Stunden meditieren, du darfst es dir auf keinen Fall leichtmachen, und du mußt alles tun, um ein guter Fisch zu werden.« Schließlich kam der Fisch wieder zu einem Lehrer und fragte: »Was ist der große Ozean? Sage mir bitte, was der große Ozean ist.« Da lachte der Lehrer.

Was Üben ist

Üben ist etwas sehr Einfaches. Das heißt aber nicht, daß es Ihr Leben nicht vollkommen auf den Kopf stellen wird. Ich möchte noch einmal betrachten, was wir tun, wenn wir sitzen oder *Za-zen* üben. Und wenn Sie glauben, daß Sie schon über das Stadium hinaus sind, wo man sich noch mit so etwas befaßt, nun, dann denken Sie das ruhig. Das Sitzen ist im Grunde Raum für das Einfache. Unser tägliches Leben ist in unaufhörlicher Bewegung: Immer ist irgend etwas los, immer sprechen Menschen, immer geschieht etwas. Sind wir darin befangen, ist es sehr schwer, zu spüren, was wir eigentlich in unserem Leben sind. Wenn wir die Situation vereinfachen, wenn wir die Äußerlichkeiten wegschieben und uns vom klingelnden Telefon, vom Fernsehen, von den Menschen, die uns besuchen, von dem Hund, mit dem man spazierengehen muß, zurückziehen, haben wir eine Chance, uns selbst zu sehen, und das ist zweifellos das Wichtigste, was es geben kann. Meditation dreht sich nicht um einen Zustand, sondern um den Meditierenden. Es geht dabei nicht um irgendeine Aktivität oder darum, etwas festzuhalten, etwas zu erreichen. Es geht um uns selbst. Wenn wir die Situation nicht vereinfachen, ist die Chance, daß wir uns einmal in Ruhe betrachten können, sehr klein – denn wir neigen dazu, nicht uns selbst, sondern alles andere anzusehen. Wenn etwas schiefgeht, was schauen wir an? Wir sehen das an, was schiefgegangen ist, und gewöhnlich jene anderen, von denen wir glauben, sie hätten es verursacht. Wir schauen immerzu nach draußen und nicht auf uns selbst.

Wenn ich sage, daß es bei der Meditation um den Meditierenden geht, meine ich damit nicht, daß wir uns in Selbstanalyse ergehen. Darum handelt es sich auch nicht. Was tun wir denn eigentlich?

Wenn wir die beste Haltung eingenommen haben, also harmonisch im Gleichgewicht und locker sind, sitzen wir einfach da und üben *Za-zen*. Was meine ich damit, wenn ich sage, wir sitzen einfach da? Es ist die herausforderndste Aktivität, die es überhaupt gibt.

Gewöhnlich schließen wir die Augen bei der Meditation nicht. Doch jetzt möchte ich Sie bitten, Ihre Augen zu schließen und einfach dazusitzen. Was geschieht? Alles mögliche. Ein kleines Zwicken in Ihrer linken Schulter, ein Druck in der Hüftgegend ... Lenken Sie Ihre Aufmerksamkeit einen Augenblick auf Ihr Gesicht. Spüren Sie es. Ist es irgendwo angespannt? Um den Mund herum, an der Stirn? Jetzt gehen wir ein wenig tiefer. Nehmen Sie Ihren Hals wahr, spüren Sie ihn einfach. Dann Ihre Schultern, Ihren Rücken, Ihre Brust, Ihren Bauch, Ihre Arme, Ihre Hüften. Bleiben Sie dabei, zu spüren, was immer Sie spüren. Und nehmen Sie Ihren Atem wahr, wie er kommt und geht. Versuchen Sie ihn nicht zu kontrollieren, nehmen Sie ihn einfach wahr. Instinktiv wollen wir zunächst den Atem kontrollieren. Aber lassen Sie ihn einfach das sein, was er ist. Vielleicht ist er ganz oben in der Brust. Vielleicht in der Mitte, vielleicht tiefer unten. Vielleicht fühlt er sich angespannt. Erleben Sie ihn einfach, wie er ist. Und jetzt spüren Sie einfach alles. Wenn ein Auto vorbeifährt, hören Sie es. Wenn ein Flugzeug über uns hinwegfliegt, nehmen Sie es wahr. Vielleicht hören Sie auch einen Kühlschrank aus- und angehen. Seien Sie einfach das, was Sie wahrnehmen. Das ist alles, was Sie zu tun haben, wirklich alles: erleben Sie es, und bleiben Sie dabei. Und jetzt können Sie die Augen wieder öffnen.

Wenn es Ihnen gelingt, drei Minuten lang nur das zu tun, ist das schon beinahe ein Wunder. Gewöhnlich beginnen wir nach etwa einer Minute zu denken. Unser Interesse daran, einfach bei dem zu sein, was wirklich ist (also das, was Sie gerade getan haben), ist sehr gering. »Wollen Sie sagen, daß es bei *Za-zen* um nichts anderes als das geht?« Das gefällt uns nicht. »Aber wir wollen doch zur Erleuchtung gelangen!« Unser Interesse an der Wirklichkeit ist außerordentlich gering. Nein, wir wollen denken, wir wollen uns Sorgen machen über all das, was uns beschäftigt. Wir wollen uns das Leben vorstellen. Und bevor wir kennenlernen, worum es eigentlich geht, haben wir den gegenwärtigen Augenblick vollständig vergessen; wir sind ins Nachdenken über irgend etwas abgeglitten: über unseren Freund, unsere Freundin, unser Kind, unseren Chef, über das, wovor wir im Augenblick Angst haben ... und schon sind wir weit weg! Es ist gar nichts Böses an diesen Phantasiegespinsten, nur geht uns etwas anderes dabei verloren, wenn wir uns darin verlieren. Wenn wir uns im Grübeln verlieren, wenn wir träumen, was haben wir dann verloren? Wir haben die Wirklichkeit verloren. Unser Leben ist uns entgangen.

Und das ist es, was die Menschen meistens tun. Und wir tun es nicht etwa nur manchmal, nein, wir tun es immer. Warum? Sie kennen die Antwort natürlich. Wir tun es, weil wir versuchen, uns zu schützen. Wir versuchen uns von den Schwierigkeiten, die wir gerade haben, zu befreien oder sie zumindest zu verstehen. Es ist ja auch nicht falsch, wenn wir solche egozentrischen Gedanken haben, es sei denn, wir identifizierten uns mit ihnen, weil dann unsere Wahrnehmung der Wirklichkeit blockiert ist. Was also sollen wir tun, wenn diese Gedanken entstehen? Wir sollten sie, die Gedanken, benennen. Seien Sie sehr genau bei dieser Benennung. Nicht nur »Ich denke nach« oder »Ich mache mir Sorgen«, sondern eine ganz spezifische Benennung. Beispielsweise: »Ich denke, daß sie mir auf der Nase herumtanzt.« »Ich denke, daß er sehr ungerecht zu mir ist.« »Ich denke, daß ich nie etwas richtig mache.« Seien Sie genau. Und wenn die Gedanken so durcheinanderpurzeln, daß Sie ganz wirr davon werden, nennen Sie das ganze Durcheinander einfach »Verwirrung«. Wenn Sie nicht nachlassen in dem Versuch, einen bestimmten Gedanken herauszukristallisieren, wird Ihnen das früher oder später bestimmt gelingen.

Üben wir so, dann lernen wir uns selbst kennen, erfahren, wie unser Leben funktioniert, und was wir damit tun. Merken wir, daß bestimmte Gedanken Hunderte Male wiederauftauchen, erfahren wir etwas über uns selbst, was wir vorher nicht wußten. Vielleicht denken wir unaufhörlich über die Vergangenheit oder über die Zukunft nach. Manche Menschen denken immer über irgendwelche Ereignisse nach, manche immer über andere Leute. Manche denken immer über sich selbst nach. Die Gedanken mancher Menschen sind fast immer Urteile über andere, und wenn wir nicht vier oder fünf Jahre geübt haben, unsere Gedanken genau zu benennen, kennen wir uns selbst nicht sehr gut. Wenn wir aber unsere Gedanken genau und sorgfältig »etikettieren«, was geschieht dann mit ihnen? Sie beginnen sich zu beruhigen. Wir müssen uns gar nicht anstrengen, sie loszuwerden. Wenn sie sich beruhigen, kehren wir zur Erfahrung des Körpers und des Atems zurück, wieder und wieder. Ich kann gar nicht oft genug betonen, daß wir das nicht dreimal machen, sondern zehntausendmal, und indem wir es tun, verwandelt sich unser Leben. Das ist eine theoretische Beschreibung des *Za-zen*. Es ist sehr einfach; nichts Kompliziertes ist daran. Stellen wir uns jetzt eine Situation aus dem Alltagsleben vor. Nehmen Sie an, Sie arbeiten in einem Planungsbüro und erfahren, daß die öffentlichen Mittel gestrichen werden und Ihr Vertrag deshalb wahrscheinlich nicht verlängert werden kann. Sie sagen sich: »Ich werde meine Stelle verlieren, ich werde mein Einkommen verlieren, wo ich doch eine Familie zu ernähren habe. Das ist schrecklich!« Was passiert? Sie beginnen, Ihr Problem im Kopf herumzuwälzen. »Wie wird es weitergehen, was soll ich nur tun?« Und die Sorgen kreisen schneller und schneller in Ihrem Kopf.

Es ist nicht schlecht, wenn man vorausplant; wir müssen planen. Aber wenn wir uns aufregen, planen wir nicht einfach. Ja, unsere Gedanken bekommen etwas Zwanghaftes. Wir drehen und wenden das Problem hundertfach. Wenn wir nicht darin geübt sind, mit unseren sorgenvollen Gedanken umzugehen, bringen die Gedanken ein Gefühl hervor, und wir werden noch erregter. Jede emotionale Erregung wird durch Gedanken ausgelöst. Und wenn wir zulassen, daß das eine ganze Weile lang geschieht, werden wir oft sogar physisch krank oder seelisch deprimiert. Wenn unser Kopf sich nicht bewußt mit einer Situation auseinandersetzt, muß der Körper es tun. Er wird uns den Ausweg zeigen. Es ist, als sagte unser Körper uns: »Wenn du dich nicht darum kümmerst, dann muß ich es wohl tun.« Und so produzieren wir unsere nächste Erkältung, unsere nächste Unbesonnenheit, unser nächstes Magengeschwür – genau das, was zu uns paßt. Ein Geist, der nicht wach und bewußt ist, bringt Krankheit hervor. Das ist jedoch kein Grund zur Kritik. Ich kenne niemanden, der nicht krank wird, auch ich werde krank. Wenn unser Wunsch, uns Sorgen zu machen, stark ist, schaffen wir Schwierigkeiten. Durch regelmäßiges Üben tun wir das etwas weniger. Alles, was uns nicht bewußt ist, wird sich in unserem Leben auf die eine oder andere Weise auswirken.

Vom menschlichen Standpunkt aus kann in unserem Leben auf zweierlei Art etwas schiefgehen: das eine sind äußere Ereignisse, und das andere Dinge, die in uns geschehen, z. B. physische Krankheit. Beides gehört zu unserem Üben, und wir gehen mit beidem gleich um. Wir benennen all die Gedanken, die im Zusammenhang mit diesen Dingen auftauchen, und erleben sie in unserem Körper. Dieser Prozeß geschieht beim Sitzen, beim *Za-zen*.

Es klingt sehr einfach, wenn man darüber spricht. Aber es ist unaussprechlich schwierig, es zu tun. Ich kenne niemanden, dem es immerzu gelingt. Ich kenne aber ein paar Menschen, die es sehr oft schaffen. Doch wenn wir auf diese Weise üben und uns all dessen bewußt werden, was unser Leben bestimmt (sei es von innen oder von außen), beginnt sich unser

Leben zu wandeln. Wir gewinnen Kraft und Erkenntnis und leben sogar manchmal im Zustand der Erleuchtung, was einfach bedeutet, das Leben wahrzunehmen, wie es ist. Es ist nichts Geheimnisvolles daran.

Wenn Sie gerade erst mit dem Übungsweg begonnen haben, müssen Sie wissen, daß fünfzehn Minuten Sitzen bereits ein Sieg ist. Es ist schon sehr viel, gelassen dazusitzen, einfach dazusein.

Wenn wir Angst vor dem Wasser hätten und nicht schwimmen könnten, wäre der erste Sieg, wenn wir uns einfach ins Wasser tauchen würden. Der nächste Schritt wäre dann vielleicht, daß wir unser Gesicht naß machen. Bei einem geübten Schwimmer jedoch wäre die Herausforderung, ob er bei der nächsten Armbewegung die Hand in einem bestimmten Winkel ins Wasser tauchen kann. Bedeutet das, daß der eine Schwimmer besser und der andere schlechter ist? Nein. Beide sind an dem Punkt, wo sie sind, gut. Es geht nicht darum, besser zu sein. Manchmal sagen die Leute nach einem Vortrag mit mir: »Das verstehe ich nicht.« Und auch das ist gut so. Unsere Erkenntnis wächst im Laufe der Jahre; an dem Punkt jedoch, an dem wir gerade sind, sind wir vollkommen.

Wir beginnen zu lernen, daß es nur eines im Leben gibt, auf das wir uns verlassen können. Und was ist dieses Eine, auf das wir uns verlassen können? Wir könnten sagen: »Ich verlasse mich auf meinen Mann (meine Frau).« Wir mögen unseren Ehepartner lieben, aber wir können uns nie vollkommen auf ihn verlassen, denn ein anderer Mensch ist (wie wir selbst) immer in gewissem Maß unverläßlich. Es gibt auf der Welt keinen Menschen, auf den wir uns vollständig verlassen können, obwohl wir natürlich andere Menschen lieben und uns an ihnen erfreuen können. Auf was aber können wir uns dann verlassen? Wenn es kein Mensch ist, was ist es dann? Auf was können wir im Leben bauen? Ich fragte das einmal jemanden, und diese Frau sagte: »Auf mich selbst.« Können Sie sich auf sich selbst verlassen? Selbstvertrauen ist etwas Schönes, aber auch das ist immer begrenzt.

Es gibt aber etwas im Leben, auf das Sie sich immer verlassen können: das Leben, wie es ist. Werden wir etwas konkreter. Nehmen wir an, es gibt etwas, das ich sehr gerne möchte: vielleicht möchte ich einen bestimmten Menschen heiraten oder ein bestimmtes Diplom, eine Auszeichnung bekommen, oder ich möchte, daß mein Kind gesund und glücklich ist. Das Leben, wie es ist, ist aber vielleicht ganz das Gegenteil von dem, wie ich es haben möchte. Wir wissen nicht, ob wir diesen Menschen heiraten werden. Und wenn, könnte er ja morgen sterben. Wir bekommen unser Diplom, unsere Auszeichnung vielleicht, vielleicht aber auch nicht. Wahrscheinlich werden wir es bekommen, aber wir können nicht darauf zählen. Wir können auf gar nichts zählen. Das Leben wird immer das sein, was es ist. Warum können wir uns also nicht darauf verlassen? Was ist daran so schwer? Warum fühlen wir uns dabei nie wirklich wohl? Nehmen Sie an, Ihr Haus wurde durch ein Erdbeben zerstört, Sie haben Ihren Arm verloren und alle Ihre Besitztümer. Können Sie sich dann auf das Leben verlassen, so wie es ist? Können Sie es *sein*?

Den Dingen so zu vertrauen, wie sie sind, ist das Geheimnis des Lebens. Aber das wollen wir nicht hören.

Ich kann absolut das Vertrauen haben, daß mein Leben im nächsten Jahr sich verändern wird, aber doch immer das sein wird, was es ist. Wenn ich morgen einen Herzinfarkt habe, dann kann ich mich darauf verlassen, denn wenn ich ihn habe, habe ich ihn. Ich kann mich auf den Boden der Tatsachen stellen.

Wenn wir in unsere Gedanken alles investieren, schaffen wir das »Ich«, wie Krishnamurti sagen würde, und dann funktioniert unser Leben nicht mehr. Deshalb versuchen wir, unsere Gedanken zu benennen, um nicht mehr so viel in sie zu investieren. Wenn wir lange genug geübt haben, können wir die Gedanken als reinen Einfluß von der Sinnesebene her erkennen. Und wir können sehen, wie wir die davorliegenden Stadien durchlaufen: Zunächst glauben wir, unsere Gedanken seien real, und daraus lassen wir die egozentrischen Emotionen entstehen, woraus wiederum von uns selbst die Barriere geschaffen wird, die uns daran hindert, das Leben zu sehen, wie es ist. Denn wenn wir in egozentrischen Emotionen befangen sind, können wir Menschen und Situationen nicht klar erkennen. Ein Gedanke ist für sich ge-

nommen ein Einfluß aus der Sinneswelt, ein Energiefragment. Doch wir haben Angst davor, Gedanken als das zu sehen, was sie sind.
Wenn wir einen Gedanken genau benennen, nehmen wir Abstand von ihm, wir lösen unsere Identifikation mit ihm auf. Es sind Welten zwischen den beiden Sätzen: »Sie ist unmöglich« und »Ich denke gerade, sie ist unmöglich.« Wenn wir immer wieder versuchen, jeden Gedanken zu benennen, beginnt die Überlagerung durch das Emotionale dahinzuschwinden, und übrig bleibt ein unpersönliches Energiefragment, mit dem wir uns nicht zu verbinden brauchen. Doch solange wir glauben, unsere Gedanken seien wirklich, handeln wir nach ihnen. Und wenn wir nach solchen Gedanken handeln, wird unser Leben getrübt. Üben heißt, damit zu arbeiten, bis es uns in Fleisch und Blut übergegangen ist. Üben heißt nicht, im Kopf zu einer blitzartigen Erkenntnis zu kommen. Es muß wirklich unser Fleisch, unser Blut, unsere Knochen, wir selbst geworden sein. Natürlich müssen wir in einer auf das Leben bezogenen Weise denken: wie wir ein Rezept befolgen, wie wir ein Dach

decken, wie wir unsere Ferien planen. Doch die emotional gefärbte, egozentrische Aktivität, die wir Denken nennen, brauchen wir nicht. Sie ist nämlich nicht wirkliches Denken, sondern eine Verzerrung des Denkens.

Im *Zen* geht es um ein tätiges, ein intensives Leben. Wenn wir unseren Kopf gut kennen und ebenso die Emotionen, die unser Denken hervorbringt, können wir besser sehen, wie es um unser Leben steht und was getan werden muß; das ist meistens das Nächstliegende. Im *Zen* geht es um das Handeln, nicht um ein passives Leben des Nichtstuns. Doch unser Handeln muß sich auf die Realität gründen. Wenn unser Handeln sich auf unser falsches Gedankensystem (das auf unserer Konditionierung basiert) gründet, so ist es nicht auf festen Boden gebaut. Haben wir die Gedankensysteme einmal durchschaut, können wir erkennen, was getan werden muß.

Es geht nicht darum, uns neu zu programmieren, sondern uns von allen Programmen zu befreien, weil wir erkennen, daß sie aller Realität entbehren. Wenn wir uns neu programmieren, heißt das vom Regen in die

Traufe kommen. Vielleicht glauben wir dann, eine bessere Programmierung gefunden zu haben; beim *Za-zen* geht es jedoch darum, durch überhaupt nichts mehr programmiert zu sein. Nehmen wir an, wir seien auf den Satz programmiert »Ich habe nicht genug Selbstvertrauen«, und nehmen wir weiter an, wir entschlössen uns, diesen Satz durch das neue Programm »Ich habe genug Selbstvertrauen« zu ersetzen. Beides wird im Lebenskampf nicht gut standhalten, denn bei beidem geht es um ein »Ich«. Und dieses »Ich« ist ein sehr zerbrechliches Gebilde – im Grunde etwas Unwirkliches – und deshalb nur allzu leicht aus dem Gleichgewicht zu bringen. Es hat in Wirklichkeit nie ein »Ich« gegeben. Es geht darum, zu sehen, daß es ein leerer Begriff ist, eine Illusion, also nicht etwas, das man auflösen muß. Wenn ich sage, es sei ein leerer Begriff, dann meine ich damit, daß es keine tatsächliche Wirklichkeit hat; es ist nichts als ein egozentrisches Gedankenspiel.

Den *Zen*-Übungsweg zu gehen ist nicht so einfach, wie darüber zu sprechen. Selbst Schüler, die recht gut verstanden haben, was sie tun wollen, neigen von

Zeit zu Zeit dazu, die Grundlagen des Übens zu verlassen. Doch wenn sie geduldig beim Sitzen ausharren, wird alles andere schon den richtigen Lauf nehmen. Ob wir nun also schon fünf Jahre oder zwanzig Jahre üben oder ob wir gerade erst begonnen haben – wichtig ist, es mit höchster Aufmerksamkeit zu tun.

Stengel

Wirbel und stehende Gewässer

Wir sind im Grunde Wirbel im Fluß des Lebens. Im Vorwärtsströmen trifft der Fluß vielleicht auf Felsblöcke, Äste oder Unebenheiten im Flußbett, durch die plötzlich hier und da ein Wirbel entsteht. Das Wasser, das in den Wirbel fließt, schießt herum und wird rasch wieder Teil des Flusses, bis es schließlich Teil eines neuen Wirbels wird und sich dann wieder weiterbewegt. Auch wenn es für kurze Zeit scheinbar als etwas Eigenes unterschieden werden kann, ist das Wasser im Wirbel doch nichts anderes als der Fluß selbst. Die Stabilität eines Wirbels ist sehr vergänglich. Die Energie des Lebensflusses formt lebendige Dinge – einen Menschen, einen Hund, eine Katze, Bäume, Pflanzen –, dann verändert sich das, was den Wirbel formte, selbst, und der Wirbel löst sich auf und wird wieder Teil des ganzen Flusses. Die Energie, die einen bestimmten Wirbel gebildet hat, schwindet, und das Wasser strömt weiter, um vielleicht wieder erfaßt zu werden und für einen Augenblick die Form eines neuen Wirbels anzunehmen.

So betrachten wir unser Leben allerdings nicht gern. Wir wollen uns nicht als vergängliches Gebilde betrachten, als Wirbel im Lebensstrom. Tatsache ist aber, daß wir für eine gewisse Zeit Gestalt annehmen und, wenn die entsprechenden Umstände eingetreten sind, vergehen. Dieses Vergehen ist nichts Schlechtes; es ist ein natürlicher Teil des Prozesses. Aber wir möchten glauben, daß der kleine Wirbel, der wir sind, nicht Teil des Flusses ist. Wir wollen uns als dauerhaft und stabil sehen. Wir verbrauchen unsere ganze Energie mit dem Versuch, unser eingebildetes Getrenntsein zu schützen. Um es zu schützen, ziehen wir künstliche, festgelegte Grenzen, und dadurch häufen wir unnötigen Ballast an, überflüssiges Zeug, das in unseren Wirbel rutscht und nicht mehr heraus kann. Dadurch wird unser Wirbel verstopft, und alles gerät durcheinander. Der Fluß muß natürlich und ungehindert strömen können. Wenn unser eigener Wirbel ins Stocken gerät, beeinträchtigen wir auch die

Energie des Stromes selbst. Er wird aufgehalten. Benachbarte Wirbel bekommen weniger Wasser, weil wir so krampfhaft festhalten. Am besten für uns selbst und für das Leben wäre es, wenn wir das Wasser in unserem Wirbel rasch und klar strömen ließen, damit es hinein- und hinausfließen kann. Wenn es ins Stocken gerät, schaffen wir Schwierigkeiten – seelische, physische und spirituelle.
Wir tun das Beste für andere Wirbel, wenn das Wasser, das in den unseren hineinfließt, sich frei bewegen kann und ungehindert und rasch dorthin strömen kann, wo etwas anderes in Bewegung gebracht werden muß. Die Lebensenergie will rasche Transformation. Wenn wir das Leben so sehen können und uns an nichts klammern, kommt und geht das Leben ganz ungehindert. Wenn irgendwelcher Schutt in unseren Wirbel gerät, das Wasser aber gleichmäßig und kraftvoll fließt, wird er eine Weile herumwirbeln und dann gleich weitergetragen. Aber so leben wir nicht. Weil wir nicht sehen, daß wir nichts weiter sind als ein Wirbel im Fluß des Universums, betrachten wir uns als Einzelwesen, die ihre Grenzen schützen müs-

sen. Schon die Feststellung »ich fühle mich verletzt« setzt eine Grenze, weil sie ein »Ich« benennt, das geschützt werden muß. Wenn irgendein Unrat in unseren Wirbel gerät, strengen wir uns furchtbar an, ihn nicht wahrzuhaben, ihn loszuwerden oder ihn irgendwie in den Griff zu bekommen.

Neunzig Prozent eines typischen Menschenlebens werden mit dem Versuch verbracht, den Wirbel durch Grenzen zu schützen. Wir sind dauernd auf der Hut: »Er könnte mir weh tun.« »Das könnte mißglücken.« »Ich mag ihn einfach nicht.« Dadurch mißbrauchen wir unseren Lebenszweck gehörig, aber wir tun es alle in gewissem Umfang.

Geldsorgen sind ein Beispiel für unseren Kampf um Absicherung. »Was ist, wenn es eine Fehlinvestition war? Vielleicht verliere ich dann mein ganzes Geld.« Wir wollen nicht, daß irgend etwas unsere finanziellen Möglichkeiten einschränkt. Wir alle meinen, daß das etwas ganz Schreckliches wäre. Und so sichern wir uns ängstlich, klammern uns an unseren Besitz und bringen unser Leben ins Stocken. Das Wasser, das hinein- und hinausfließen sollte, um anderen zu nützen, stagniert. Ein Wirbel, der rings um sich einen Damm baut und sich vom Fluß abtrennt, wird zu stehendem Wasser und verliert seine Lebenskraft. Wir üben *Za-zen*, um nicht mehr in der Absonderung steckenzubleiben, sondern um uns als das zu sehen, was wir sind – ein Teil des Ganzen. Aber wir verbrauchen einen Großteil unserer Energie damit, stehendes Wasser zu produzieren. Das geschieht durch Leben in Angst. Die Angst entsteht dadurch, daß der Wirbel nicht erkennt, was er ist – nichts anderes als der Strom selbst. Solange wir diese Wahrheit nicht zu erahnen beginnen, lenken wir unsere Energie in die falsche Richtung. Wir schaffen lauter Becken mit stehendem Wasser, bringen Verunreinigung und Krankheit hervor. Solche Becken, die versuchen, sich nach außen hin abzuschotten, beginnen einander zu bekämpfen. »Du riechst schlecht. Ich mag dich nicht.« Stehendes Wasser bringt nichts Gutes hervor. Das Leben hat seine Frische verloren.

Die *Zen*-Praxis hilft uns zu sehen, wie wir Stagnation in unser Leben gebracht haben. »War ich eigentlich schon immer so wütend und habe es bloß nie bemerkt?« Unsere erste Entdeckung beim Üben ist die Erkenntnis, wie sehr wir durch unsere egozentrischen Gedanken in Stagnation geraten sind. Die großen Probleme entstehen durch Einstellungen, die wir bei uns selbst nicht wahrnehmen. Unerkannte Depression, Angst und Wut machen uns starr. Wenn wir die Starre und Stagnation erkennen, beginnt das Wasser ganz allmählich wieder zu fließen. Deshalb ist der entscheidende Teil des Übens die Bereitschaft, das Leben selbst zu sein – also einfach unsere Empfindungen wahrzunehmen, das, was unseren Wirbel entstehen läßt.

Im Laufe der Jahre haben wir uns mühevoll angewöhnt, genau das Gegenteil davon zu tun: Wir lassen das Wasser zum Stocken kommen. Wir leisten also genau das Falsche. Aus dieser dauernden Anstrengung entstehen all unsere Schwierigkeiten, entsteht die Trennung vom Leben. Wir wissen nicht, wie wir Nähe und Unmittelbarkeit schaffen, wie wir Teil des Lebensstroms werden können. Ein stehender Wirbel, der seine Grenzen verteidigt, ist nichts und niemandem nahe. »Gefangen in einem egozentrischen Traum: nur Leiden«, heißt es in einem unserer täglichen Sprüche im *Zen*-Zentrum. Im Üben lösen wir diesen Zustand allmählich auf. Bei den meisten Schülern ist das ein lebenslanger Prozeß. Die Veränderung ist oft schmerzhaft, vor allem am Anfang. Wenn wir an die starre Kontrolliertheit eines abgeschotteten Lebens gewöhnt sind, wollen wir keine frischen Strömungen ins Bewußtsein lassen, so belebend sie auch in Wirklichkeit sein könnten.

Die Wahrheit ist, daß wir frische Luft nicht besonders gern mögen. Wir mögen auch frisches Wasser nicht besonders gern. Es dauert eine ganze Weile, bis wir unsere Abwehrhaltung und unsere Manipulation des Lebens in unserem alltäglichen Tun bemerken. Das Üben hilft uns, diese Taktiken klarer zu sehen, und solche Erkenntnisse sind immer unangenehm. Trotzdem ist es unabdingbar, daß wir sehen, was wir eigentlich tun. Je länger wir üben, desto rascher erkennen wir unsere defensiven Verhaltensmuster. Dieser Prozeß ist jedoch nie einfach und schmerzlos, und wer hofft, rasch und leicht ein Plätzchen zum Ausruhen zu finden, sollte sich nicht auf ihn einlassen.

Deshalb ist mir gar nicht so wohl dabei, daß das *Zen*-Zentrum von San Diego so rasch wächst. Zu viele Suchende wollen einfache, schmerzlose Lösungen für ihre Schwierigkeiten finden. Mir wäre ein kleineres Zentrum lieber, das auf jene beschränkt ist, die bereit sind, sich auf die notwendige Arbeit einzulassen. Natürlich erwarte ich von Anfängern nicht das gleiche wie von erfahrenen Schülern. Wir alle lernen im Lauf der Zeit dazu. Aber je größer das Zentrum ist, desto schwieriger ist es, die reine Lehre zu erhalten. Es ist nicht entscheidend, wie viele Schüler wir anziehen; wichtig ist, eine ernsthafte Übungspraxis aufrechtzuerhalten. So werde ich mit der Zeit immer strenger. Hier ist kein Ort für Menschen, die künstliche Formen von Frieden und Glückseligkeit oder irgendeinen anderen besonderen Zustand suchen.

Das Üben bewirkt, daß wir wacher und lebendiger werden. Daß wir unsere eigenen boshaften Tendenzen so gut kennenlernen, daß wir damit nicht andere plagen müssen. Wir lernen, daß es nie richtig ist, jemanden anzuschreien, nur weil wir wütend sind. Das Üben hilft uns, zu erkennen, wo unser Leben stagniert. Während der Bergbach sich immer erneuert mit wunderbar sprudelndem Wasser, geraten wir in Stagnation durch Sätze wie: »Das kann ich nicht ausstehen … Er hat mir wirklich weh getan« oder »Mein Leben ist so schwer.« In Wahrheit gibt es nur das weiterströmende Wasser. Was wir unser Leben nennen, ist nichts als ein kleiner Umweg, ein Wirbel, der entsteht und dann wieder vergeht. Manchmal sind diese Umwege klein und sehr kurz: Das Leben wirbelt ein oder zwei Jahre an einem Ort herum, dann löst es sich wieder auf. Die Leute fragen sich, warum manche Kinder sterben, wenn sie noch ganz klein sind. Wer weiß? Wir wissen nicht, warum. Es gehört zu diesem endlosen Energiestrom. Wenn wir Teil von ihm werden, haben wir inneren Frieden. Wenn wir uns nach Kräften dagegen sträuben, haben wir keinen Frieden.

Von der Erfahrung zum Erfahren

Wir stehen in jeder Sekunde vor einer Weggabelung. Der eine Weg führt zur Unbewußtheit, der andere zur Bewußtheit, der eine zur Abwesenheit, der andere zum Gegenwärtigsein – der eine zu äußeren Erfahrungen und der andere zum wirklichen Erfahren. Beim Üben geht es darum, von den Erfahrungen zum Erfahren, zum Erleben zu kommen. Was ist damit gemeint?

Wir neigen dazu, das Wort *Erfahrung* überzustrapazieren, und wenn wir sagen »Bleibe bei deiner Erfahrung«, so benutzen wir die Sprache etwas sorglos. Wir sehen unser Leben gewöhnlich als eine Reihe von Erfahrungen und Erlebnissen an. Beispielsweise mache ich mit dem einen oder anderen Menschen Erfahrungen, ich habe Erlebnisse beim Essen oder im Büro. Von diesem Standpunkt aus ist mein Leben nichts als eine Folge von Erfahrungen. Jede dieser Erfahrungen hat vielleicht einen bestimmten Glorienschein oder ist mit neurotischen Emotionen verschleiert. Dieser Schleier nimmt oft die Gestalt von Erinnerungen, Phantasien oder Hoffnungen für die Zukunft an – das sind die Assoziationen, die wir in unsere Erfahrung als Ergebnis unserer Konditionierung in der Vergangenheit einbringen. Wenn wir *Zazen* üben, kann unsere Erfahrung von unseren Erinnerungen beherrscht werden, und das kann uns überwältigen.

Ist das denn falsch? Die Menschen haben nun einmal Erinnerungen, Phantasien und Hoffnungen; das ist ganz natürlich. Wenn wir unsere Erfahrungen jedoch in diese Assoziationen hüllen, wird die Erfahrung zum Objekt: Sie ist dann ein Substantiv und kein Verb. So wird unser Leben zu einer Begegnung mit lauter Objekten: Personen, das Mittagessen, das Büro. Erinnerungen und Hoffnungen ähneln sich: Das Leben wird zu einer Reihe von Dingen außerhalb unserer selbst, denen wir begegnen. Das Leben wird dualistisch: Subjekt und Objekt, ich und es.

Problematisch wird dieser Prozeß, wenn wir daran glauben. Denn wenn wir wirklich glauben, daß wir den ganzen Tag Objekten begegnen, sind wir versklavt. Warum? Weil jedes Objekt »dort draußen« mehr oder weniger durch einen emotionalen Kontext verschleiert ist. Und dann reagieren wir entsprechend unseren emotionalen Assoziationen. Im traditionellen *Zen* heißt es, daß wir durch Gier, Zorn oder Unwissenheit versklavt werden.

Wenn wir die Welt nur so sehen, leben wir in Ketten. Wenn unsere Welt nur aus Objekten besteht, wird unser Leben davon bestimmt, was wir von jedem dieser Objekte erwarten können: »Mag er mich?«, »Ist das zu meinem Vorteil?«, »Muß ich Angst vor ihr haben?« Unsere Vergangenheit und unsere Erinnerungen nehmen überhand, und wir teilen die Welt in Dinge auf, denen wir aus dem Weg gehen müssen, und in Dinge, nach denen es sich zu streben lohnt.

Problematisch an dieser Lebensweise ist die Tatsache, daß das, was mir jetzt guttut, mich später verletzen kann und umgekehrt. Die Welt verändert sich unaufhörlich, und deshalb führen uns unsere Assoziationen in die Irre. In der Welt der Objekte gibt es keine Sicherheit. Wir sind immer auf der Hut, sogar vor den Menschen, von denen wir sagen, daß wir sie lieben und ihnen nahe sind. Solange ein anderer Mensch bloß ein Objekt für uns ist, können wir sicher sein, daß es keine wirkliche Liebe, kein wirkliches Mitgefühl zwischen uns geben kann.

Wenn also unsere alltägliche Welt aus Erfahrungen besteht, worin besteht dann die andere Welt, der andere Weg? Was ist der Unterschied zwischen Erfahrungen und dem Erfahren? Was ist wirkliches Hören, Spüren, Schmecken, Sehen und so weiter?

Wenn wir wirklich etwas erfahren, also *wahrnehmen*, so gibt es in diesem Augenblick weder Raum noch Zeit. Es kann sie nicht geben, denn wenn wir etwas in Raum und Zeit erfahren, dann haben wir ein Objekt daraus gemacht. Wenn wir etwas berühren, wenn wir sehen und hören, dann erschaffen wir eine Welt des Raums und der Zeit; aber das wirkliche Leben, das wir führen, existiert nicht in Raum und Zeit – es ist Er-Leben. Die Welt des Raums und der Zeit entsteht daraus, daß das Erleben auf eine Reihe von Erfahrungen reduziert wird.

In dem Augenblick beispielsweise, in dem wir etwas

hören, gibt es nur und ausschließlich dieses Hören, wodurch wir das Geräusch des Flugzeugs oder etwas anderes wahrnehmen. Es ist das absolute Hören. Das ist unser Leben, so schaffen wir unsere Welt. Wir erschaffen sie so rasch durch unsere Sinne, daß wir den Vorgang gar nicht verfolgen können. Die Welt unserer Erfahrungen entsteht aus dem Nichts, in jeder Sekunde.
In einer unserer Rezitationen heißt es: »Unaufhörliche Veränderung dreht das Rad des Lebens weiter.« Erfahren, Erfahren, Erfahren; Veränderung, Veränderung, Veränderung. »Unaufhörliche Veränderung dreht das Rad des Lebens weiter, und so erscheint die Wirklichkeit in all ihren Formen. Friedliches Verweilen im Verändern selbst befreit die leidenden, fühlenden Wesen und führt sie zu großer Freude.« Friedliches Verweilen im Verändern selbst bedeutet das Empfinden des stechenden Schmerzes in meinen Beinen, das Hören des Geräuschs, das ein Auto macht: einfach Erleben, Erleben, Erleben. Im Erfahren selbst verweilen. Auch der Schmerz verändert sich in jedem Augenblick. »Friedliches Verweilen im

Verändern selbst befreit die leidenden, fühlenden Wesen und führt sie zu großer Freude.«
Wenn dieser Prozeß uns absolut klar wäre, müßten wir uns nicht auf den Übungsweg begeben. Der erleuchtete Zustand besteht nicht darin, eine Erfahrung zu *haben*; er ist die Abwesenheit jeder Erfahrung. Die Erleuchtung ist reines Erlebnis. Und das ist etwas völlig anderes als »ein Erleuchtungserlebnis haben«. Erleuchtung ist die Zerstörung aller Erfahrungen, die aus Gedanken, Phantasien, Erinnerungen und Hoffnungen entstehen. Aber wir haben nun einmal kein Interesse daran, unser Leben, wie wir es gewöhnlich kennen, zu zerstören. Wir zerstören die falschen Strukturen unseres Lebens, indem wir unsere Gedanken benennen, indem wir uns zum fünfhundertstenmal sagen: »Dieser Gedanke handelt davon, daß das und das geschehen wird.« Wenn wir es fünfhundertmal gesagt haben, dann sehen wir, was es ist. Es ist einfach leere Energie, die aus unserer Konditionierung stammt und keine Realität hat. Es liegt keine Wahrheit darin; es gibt nur Veränderung, Veränderung, Veränderung.

Es ist leicht für uns, über diesen Prozeß zu sprechen, aber im Grunde sind wir an nichts weniger interessiert, als unsere Phantasiegebilde zu zerstören. Wir haben die geheime Angst, daß von uns selbst nichts übrigbleibt, wenn wir sie alle zerstört haben.

Es gibt eine alte Sufi-Geschichte von einem Mann, der nachts auf der dunklen Straße seinen Schlüssel verlor und dann auf der anderen Straßenseite unter der Laterne, wo es hell war, danach suchte. Als ein Freund ihn fragte, warum er unter der Laterne suche und nicht dort, wo er den Schlüssel verloren habe, antwortete er: »Ich suche hier, weil es hier heller ist.«

Genau das machen wir mit unserem Leben: Wir suchen immer im vertrauten Rahmen. Wenn wir ein Problem haben, befolgen wir das vertraute Rezept: denken, grübeln, analysieren, unser verrücktes geschäftiges Leben aufrechterhalten, denn daran sind wir gewöhnt. Wir lassen uns nicht davon irritieren, daß es nicht funktioniert. Wir suchen nur noch entschlossener im Licht der Laterne. Wir haben kein Interesse an dem Leben außerhalb von Raum und Zeit, während wir die Welt von Raum und Zeit ununterbrochen erschaffen. Es interessiert uns nicht, ja es erschreckt uns sogar.

Was treibt uns dazu, dieses Melodrama aufzugeben, all diese Verwirrung »auszusitzen«? Letztlich das Unbehagen, das uns unsere Lebensweise bereitet. Jenseits des Lebens voller Erfahrungen liegt ein Leben des Erfahrens, ein Leben des Mitgefühls und der Freude. Wahres Mitgefühl und wahre Freude sind keine Erlebnisse, die wir haben können. Unser wahrer Meister ist einfach: Veränderung, Veränderung, Veränderung; Erfahren, Erfahren, Erfahren. Der Meister ist nicht in Raum und Zeit zu finden – und ist doch nichts anderes als Raum und Zeit. Unser Er-Leben ist auch das Erschaffen des Lebens selbst. »Unaufhörliche Veränderung dreht das Rad des Lebens weiter, und so erscheint die Wirklichkeit in all ihren Formen.«

Ein Gedicht von W. H. Auden spricht von dem Zustand, in dem wir gewöhnlich leben:

Lieber gehen wir unter,
als uns zu ändern,
lieber sterben wir in unserer Angst,
als das Kreuz des Augenblicks
zu ersteigen
und unsere Illusionen sterben
zu lassen.

Lieber gehen wir unter, als uns zu ändern – obwohl wir doch aus Veränderung bestehen. Wir sterben lieber in unserer Angst, unserer Furcht, unserer Einsamkeit, als das Kreuz des Augenblicks zu ersteigen und unsere Illusionen sterben zu lassen. Und das Kreuz ist auch die Kreuzung, die Weggabelung, die Entscheidung. Wir sind hier, um diese Entscheidung zu treffen.

Üben in Beziehungen

Der Geist der Vergangenheit ist nicht faßbar;
der Geist der Zukunft ist nicht faßbar;
der Geist der Gegenwart ist nicht faßbar.
Diamant-Sūtra

Was ist Zeit? Gibt es Zeit? Was können wir über unser alltägliches Leben in Zusammenhang mit der Zeit, mit der Nicht-Zeit, dem Nicht-Selbst, sagen? Was können wir über Beziehungen lernen in Zusammenhang mit dieser Nicht-Zeit, diesem Nicht-Selbst?

Gewöhnlich glauben wir, ein *Dharma*-Vortrag oder ein Konzert oder irgendein anderes Ereignis im Leben hätte einen Anfang, eine Mitte und ein Ende. Doch wenn ich beispielsweise an irgendeinem Punkt dieses Vortrages innehalte, jetzt beispielsweise, wo sind dann die Worte, die ich bereits gesagt habe? Sie sind nicht da. Und wenn ich später innehalte, wo sind dann die Worte, die bis dahin gesagt wurden?

Sie sind nicht da. Und wenn die Rede vorbei ist, wo ist sie? Es gibt keine Rede. Alles, was bleibt, sind Erinnerungsspuren in unserem Gehirn. Und diese Erinnerung ist, wie immer sie sein mag, fragmentarisch und unvollständig; wir erinnern uns nur an Teile jedes wirklichen Erlebnisses. Das gleiche gilt auch für ein Konzert – ja, es gilt auch für unseren Tagesablauf, für unser ganzes Leben. In diesem Augenblick – wo ist da unser vergangenes Leben? Es ist nicht da.

Nun, was hat das mit Beziehungen, mit unseren Beziehungen zu irgend etwas und irgend jemandem zu tun – unserer Beziehung zu unserem Sitzkissen, zu unserem Frühstück, zu einem Menschen, zum Büro, zu unseren Kindern?

Gewöhnlich sehen wir eine Beziehung so: »Diese Beziehung ist dort, außerhalb, und sie soll mir Freude machen. Zumindest sollte sie mir keine Unannehmlichkeiten bereiten.« Mit anderen Worten machen wir aus einer Beziehung gleichsam einen Eisbecher. Dieser Becher mit süßem Eis ist da, um mir Vergnügen zu bereiten und mir gutzutun. Und sehr wenige von uns sehen eine Beziehung in einem anderen Licht als: »Das ist unsere Beziehung, ich habe dich ausgesucht, und du weißt, was du zu tun hast.« Wenn wir also Schwierigkeiten mit Beziehungen haben, sprechen wir meistens nicht von ihren angenehmen Seiten. Oft können die angenehmen Seiten sogar im Vordergrund stehen. Doch was uns vor allen Dingen beschäftigt, ist das *Unangenehme*, das, was wir einfach nicht akzeptieren wollen. Und wenn ich sage »unangenehm«, so kann das von bloßem Ärger bis zu sehr viel heftigeren Dingen reichen.

Was hat dies alles mit Nicht-Zeit, mit Nicht-Selbst zu tun?

Nehmen wir zum Beispiel einen Streit beim Frühstück. Beim Mittagessen sind wir immer noch ärgerlich. Nicht nur ärgerlich, sondern wir erzählen auch jedem davon, werden getröstet, bekommen Sympathie, Zustimmung, und schon sind wir wieder in unserem Kopf. »Wenn ich ihn heute abend sehe, muß ich mit ihm darüber sprechen; wir müssen die Sache wirklich klären.« Wir haben also den Streit beim Frühstück, die Aufregung beim Mittagessen und dann auch noch die Zukunft, nämlich das, was wir mit der Aufregung zu tun gedenken.

Doch was ist *jetzt*, was ist in diesem *Augenblick*? Wenn wir beim Mittagessen sitzen, wo ist dann der Streit vom Frühstück? Wo ist er? Der Geist der Vergangenheit ist nicht faßbar. Wo *ist* er? Das Abendessen, bei dem wir all das wirklich klären müssen (zu unserer Zufriedenheit natürlich), wo *ist* es? Der Geist der Zukunft ist nicht greifbar. »Es gibt ihn nicht.«

Was ist wirklich da? Was ist real? Es gibt nur meine Erregung, die ich jetzt hier beim Mittagessen habe. Meine Geschichte, mit der ich beschrieb, was beim Frühstück geschah, ist nicht wirklich das, was geschah. Es ist *meine* Geschichte. Wirklich ist der Kopfschmerz, ist das Flattern in meinem Magen. Und mein Gerede ist die Manifestation dieser physischen Energie. Außerhalb der physischen Erfahrung gibt es nichts Wirkliches. Und ich weiß noch nicht einmal, ob *das* wirklich ist; das ist alles, was wir darüber sagen können.

Vor ein paar Wochen kam eine junge Frau (keine Zen-Schülerin) zu mir und wollte mir erzählen, was ihr Mann ihr vor drei Wochen angetan hatte. Sie war sehr, sehr erregt; sie konnte kaum sprechen vor Aufregung. Da sagte ich:

»Wo ist Ihr Mann jetzt?«

»Ach, mein Mann ist an seiner Arbeitsstelle.«

»Und wo ist die Aufregung, wo ist der Streit, wo?«

»Nun, ich habe Ihnen ja davon erzählt.«

Ich sagte: »Aber wo ist er? Zeigen Sie ihn mir.«

»Ich kann ihn Ihnen nicht zeigen, aber ich erzähle Ihnen ja davon.«

»Aber wann war es? Vor drei Wochen? Wo ist es jetzt?«

»Ach ...« Sie ärgerte sich immer mehr. Aber schließlich sah sie, daß ihre Aufregung überhaupt nichts Reales war. Und dann sagte sie: »Aber wenn das alles ist, wie kann ich die Sache mit meinem Mann klären?«

Entscheidend dabei ist, daß wir komplizierte Systeme, Emotionen und Dramen aus unserem Glauben an die Zeit entstehen lassen, an Vergangenheit, Gegenwart und Zukunft. Jeder von uns hat das getan. Und glauben Sie mir, das zu tun ist nichts Geringfügiges. Die Menschen haben sich in einen Zustand gebracht – auch ich habe das getan –, in dem sie kaum mehr handlungsfähig waren. Sie können ihre Verpflichtungen nicht mehr erfüllen, machen sich krank, körperlich und geistig.

Heißt das also, daß wir nichts tun, wenn wir aufgeregt sind? Nein, wir tun in jedem Augenblick das Beste, was wir gerade tun können. Doch Handeln, das auf Verwirrung und Unwissenheit fußt, führt unmittelbar zu noch mehr Verwirrung, Aufregung und Unwissenheit. Es ist nicht gut oder schlecht, und wir alle, ohne Ausnahme, handeln so. Und so leben wir in unserer Unwissenheit, in unserem Glauben an dieses lineare Leben – »Das ist gestern geschehen« und »Das ist jetzt so und wird immer weiter so sein« – in einer Welt der Klagen, als Opfer oder Angreifer, in einer Welt, die uns feindlich zu sein scheint.

Nun gibt es aber nur einen einzigen Ursprung dieser feindseligen Welt, und das sind unsere Gedanken – unsere Bilder und unsere Phantasien. Sie schaffen eine Welt der Zeit, des Raumes und des Leidens. Und dennoch, wenn wir versuchen, die Vergangenheit oder Zukunft zu finden, mit denen sich unsere Gedanken beschäftigen, so merken wir, daß es unmöglich ist. Sie sind ungreifbar.

Ein Schüler sagte mir, daß er wie vor einer Mauer stehe, seit er gehört habe, wie ich über die Zeit spreche, denn er hatte nach seiner Vergangenheit gesucht. Er sagte: »Wenn es keine Vergangenheit und keine Zukunft gibt und ich selbst die Gegenwart nicht fassen kann – ich meine, ich versuche sie zu fassen, und dann ist sie schon vergangen –, wer bin ich dann?« Eine gute Frage, eine, die wir alle stellen können. »Wer bin ich?«

Nehmen wir einen typischen Gedanken von der Art, wie wir ihn alle kennen: »Peter macht mich krank.« Und schon haben wir uns selbst und Peter und dieses Gefühl, krank gemacht zu werden, diese Emotion. Hier bin ich, hier ist Peter und hier das Kranksein. Alles ist verteilt. Ich habe mich geschaffen, ich habe Peter geschaffen und aus all dem irgendwie auch dieses Aufgeregtsein.

Nun wollen wir statt dessen sagen: »Ich/Peter/krank.« Nur das. »Ich Peter krank.« Nur diese Erfah-

rung, wie sie ist, gerade jetzt. Wir werden immer herausfinden, daß, wenn wir nur diese Erfahrung sind, die Lösung schon darin enthalten ist. Sie ist nicht nur darin enthalten, die Erfahrung *selbst* und die Lösung sind nicht zwei getrennte Dinge. In dem Augenblick, in dem wir sagen: »Sie hat mich krank gemacht.« »Er ärgert mich.« »Sie hat das getan.« »Es macht mich krank, es ärgert mich, es verletzt mich«, dann haben wir Sie, den anderen und das, was Sie sich da zusammengebraut haben. Anstatt: Es ist nichts da, außer dem gegenwärtigen, ungreifbaren Augenblick von Ich – du – Ärger. So einfach ist die Lösung.
Doch solange wir in unseren Gedanken Worte kreisen lassen wie: »Peter macht mich krank«, haben wir ein Problem. Sie sehen, daß der Satz einen Anfang, eine Mitte und ein Ende hat. Und daraus entsteht diese Welt: feindselig, erschreckend und gespalten.
Es ist freilich nichts falsch an unseren Sätzen. Wir alle müssen in einer relativen Welt leben; sie besteht nun einmal aus Frühstück, Mittagessen und Abendessen. Und es ist nichts Falsches an dieser begrifflichen,

relativen Welt. Was falsch ist, ist die Tatsache, daß wir es nicht sehen als das, was es ist. Und es nicht zu sehen, als das was es ist, bedeutet, daß wir unsere Freunde und liebsten Menschen benutzen wie ein Fernsehprogramm.

Wir treffen beispielsweise ein hübsches Mädchen und denken: »Oh, sie sieht aus wie das vierte Programm. Und das vierte Programm macht mich immer ruhig, und ich fühle mich immer wohl dabei; ich weiß, was ich beim vierten Programm zu erwarten habe, eine Auswahl von diesem und jenem, ein paar Neuigkeiten, mit einem Vierten-Programm-Menschen geht es mir sicher ganz gut.« Und so tun wir uns zusammen, und eine Weile geht auch alles ganz gut. Es gibt viel Angenehmes und Übereinstimmungen. Es scheint eine gute Beziehung zu sein.

Doch was passiert nach einiger Zeit? Irgendwie ist aus dem vierten Programm das sechste Programm geworden, und so gibt es Verwirrung und Ärger; manchmal wird daraus das neunte Programm, lauter Träume und Phantasien. Was tue ich die ganze Zeit? Ich habe doch so gelebt, als sei ich ein Vierte-Programm-

Mensch. Aber nein, jetzt sieht es so aus, als würde ich gerne viele Stunden mit dem dritten Programm, mit Kindergeschichten, zubringen, bei denen es vor allem um meine Traumprinzessin oder meinen Traumprinzen geht. Und dann habe ich noch andere Programme, wie beispielsweise Programm sieben, düstere Stimmung, Depressionen und Rückzug. Und manchmal, wenn ich mich gerade düster, deprimiert und rückzugsbedürftig fühle, ist meine Freundin phantasievoll und lustig. Und das paßt nicht zusammen. Oder manchmal scheinen alle Programme auf einmal abzulaufen. Und dann gibt es Aufregung und viel Krach, und einer der beiden Partner oder beide kämpfen oder ziehen sich zurück.

Was soll man da tun? Jetzt haben wir das gewöhnliche Durcheinander, unser gewöhnliches Szenario, und wir müssen damit zurechtkommen, oder nicht? Irgendwie war doch alles so glücklich. Also *müssen* wir doch versuchen, beide dazu zu bringen, zum vierten Programm zurückzukehren. Und wir sagen zu ihr: »Du solltest so sein, und das solltest du tun, in solch einen Menschen habe ich mich verliebt.« Eine Weile geben sich beide Beteiligten Mühe, und auf dem vierten Programm herrscht künstlicher Friede (und eine ganze Menge Langeweile). Die meisten Ehen sehen nach einiger Zeit so aus. Irgend jemand sagte einmal, daß man in einem Restaurant genau sagen könne, wer verheiratet ist – das Paar, das nicht miteinander spricht.

Merkwürdigerweise aber stellt, wenn die Programme durcheinanderkommen, niemand die Frage, wer sie eigentlich eingeschaltet hat, wer die Ursache all dieser Aktivität ist. Wer hat unser Handeln bestimmt? Was ist die Ursache dafür? Das ist die entscheidende Frage.

Wenn wir sie nicht stellen und das Leiden zu sehr überhand nimmt, verlassen wir die Beziehung einfach und schauen nach einem neuen »vierten Programm«, denn wenn wir Vierte-Programm-Menschen mögen, neigen wir dazu, immer gerade auf sie zu treffen. Und dieses Szenario gilt nicht nur für intime Beziehungen, sondern auch in der Arbeit, in den Ferien oder sonstwo. So verhalten wir uns.

Nachdem wir eine Reihe solch unglücklicher Episoden erlebt haben, beginnen wir vielleicht, das Gesamtbild unseres Lebens zu betrachten. Manchmal wagt ein seltener, glücklicher Einzelner sich die große Frage zu stellen, was er mit seinem Leben tut, und zu überlegen: »Wer bin ich? Woher komme ich? Wohin werde ich gehen?«

Manchmal erkennen wir vielleicht voller Trauer, daß wir einem Menschen, mit dem wir lange gelebt haben, nie begegnet sind, daß wir ihn nie gekannt haben. Ich habe das fünfzehn Jahre lang getan. Manche Menschen leben ein ganzes Leben nebeneinander und begegnen sich nie. Ihre Programme stimmen manchmal überein, aber sie begegnen einander nicht. Dann haben wir vielleicht das Glück, einer großen Lehre zu begegnen. In der buddhistischen Tradition sagt die Lehre des Buddha: »Sie wird allen Schmerz aufheben. Das ist die Wahrheit, keine Lüge.« Wir verstehen womöglich überhaupt nicht, was das bedeutet, aber wenn wir zu den Glücklichen gehören, begeben wir uns vielleicht auf einen sinnvollen Übungsweg, in der Bemühung, die Lehre zu verstehen.

Intelligentes *Za-zen* bedeutet immerzu, subtile Veränderungen herbeizuführen, Schritt für Schritt; erst von den gröberen Ebenen zu den subtileren und dann zu den noch subtileren; es bedeutet, zu durchschauen, was wir unsere Persönlichkeit nennen, jene Persönlichkeit, von der wir sprachen. Wir beginnen unseren Geist, unseren Körper, unsere Gedanken, unsere Sinneswahrnehmungen, alles, was wir für uns selbst hielten, wirklich anzusehen.

Der erste Teil unseres Übungsweges sieht aus, als seien wir mitten auf einer belebten Straße voller Chaos. Wir können kaum einen Platz zum Gehen finden, der Verkehr strömt in alle Richtungen. Es ist verwirrend und erschreckend. Aber so läuft für die meisten von uns das Leben ab. Wir sind so sehr damit beschäftigt, dem, was auf uns zukommt, auszuweichen, daß wir unser eigenes Verfangensein in dem ganzen Verkehrsgetriebe nicht verstehen. Doch wenn wir es eine Weile beobachten, beginnen wir zu sehen, daß hie und da eine Lücke im Verkehrsfluß auftritt. Vielleicht gehen wir auch auf den Bürgersteig und beginnen das Ganze mit objektiveren Blicken zu über-

schauen. Und wie dicht der Verkehr auch sein mag, hier und da entdecken wir Freiräume.
Und der dritte Schritt könnte darin bestehen, daß wir nun in ein hohes Gebäude gehen und von einem Balkon im dritten Stock aus alles beobachten. Wir können sehen, welche Richtung der Verkehr nimmt, und wir erkennen, daß er in gewissem Sinn mit uns gar nichts zu tun hat. Er fließt einfach so dahin.
Je höher wir hinaufgehen, desto eher sehen wir, daß der Verkehr nur noch aus Mustern besteht, es ist ein schöner, kein erschreckender Anblick mehr. Er ist einfach das, was er ist, und wir beginnen ihn als ein riesig großes Panorama wahrzunehmen. Wir sehen besonders schwierige Situationen, die nicht notwendigerweise gut oder schlecht sind, als Teil des Ganzen. Sie gehören einfach zum Leben. Und nach Jahren des Übens erreichen wir vielleicht einen Ort, an dem es uns gelingt, uns einfach dessen zu erfreuen, was wir sehen, uns zu erfreuen, alles anzunehmen, wie es ist. Wir können uns darüber freuen, doch wir sind nicht davon gefangen, wir sehen, daß es nicht dauerhaft, sondern im Fluß ist.

Dann gehen wir noch einen Schritt weiter und kommen in das Stadium, in dem wir Zeuge unseres eigenen Lebens werden. Alles geschieht, alles ist erfreulich, doch wir sind von nichts gefangen. Und im letzten Stadium unseres Übens bewegen wir uns wieder auf der Straße, auf dem Marktplatz, mitten im Chaos. Doch da wir all das Verworrene um uns sehen als das, was es ist, sind wir frei davon. Wir können es lieben, wir können uns daran erfreuen, wir können ihm dienen, und wir sehen unser Leben als das, was es ist und war – frei und unabhängig.

Die meisten von uns beginnen den Übungsweg dort, wo wir mitten im Verkehrschaos stehen. Dort sehen viele von uns auch ihre Beziehungen als verworren, befremdlich und voller Bitterkeit, denn wir erwarten, daß unsere Beziehung der eine friedliche Platz inmitten des Chaos sein möge.

Wenn wir uns jedoch bemühen, unsere Beziehungen als Übung zu betrachten, so lernen wir auch, zu erkennen, daß sie die beste Möglichkeit für unser inneres Wachstum bieten. In ihnen können wir sehen, was unser Geist, unser Körper, unsere Sinne, unsere

Gedanken wirklich sind. Warum sind Beziehungen ein so hervorragendes Übungsfeld? Warum helfen sie uns, nach und nach in das einzudringen, was wir den allmählichen Tod unseres Ichs nennen könnten? Denn abgesehen von unserem üblichen *Za-zen* gibt es nichts Besseres als unsere Beziehungen, um zu erkennen, wo wir steckengeblieben sind und woran wir uns noch festhalten. Und solange wir immer wieder anecken und aufgestört werden, haben wir die große Chance, zu lernen und zu wachsen. Deshalb ist jede Beziehung ein wertvolles Geschenk. Nicht, weil sie uns glücklich macht – das tut sie oft keineswegs–, sondern weil wir in jeder engen Beziehung, wenn wir sie als Übung betrachten, den unbestechlichsten Spiegel vorgehalten bekommen, den es gibt.

Man könnte sagen, daß Beziehungen die offene Tür zu unserem wahren Selbst, zum Nicht-Selbst sind. In unserer Angst klopfen wir wieder an eine Tapetentür, eine Tür, die nur aus unseren Träumen, aus unseren Hoffnungen und unseren Bestrebungen besteht; und wir gehen dem Schmerz aus dem Weg, der Angst vor dem torlosen Tor, der offenen Tür des

Seins im Seienden, was es auch sein mag, hier und jetzt.
Es fasziniert mich, wie viele Menschen keinerlei Beziehung zwischen ihrem Elend und ihren Klagen sehen – ihrem Gefühl, Opfer zu sein, dem Gefühl, alle Welt tue ihnen etwas an. Es ist wirklich erstaunlich. Wie oft wurde in *Dharma*-Vorträgen über diesen Zusammenhang gesprochen! Wie oft! Und doch wollen wir aus Angst nicht hinsehen.
Nur Menschen mit großer Intelligenz, Energie und Geduld werden jenen Ruhepunkt finden, um den sich das Universum dreht. Leider ist das Leben für jene, die dem gegenwärtigen Augenblick nicht ins Auge schauen wollen oder können, oft gewalttätig, es straft sie, es ist keineswegs angenehm, es scheint sich nicht um sie zu kümmern. Doch wahr ist, daß das nicht das Leben ist. Es sind wir selbst, die das Unglück hervorbringen. Wenn wir uns jedoch weigern anzusehen, was wir tun – und es tut mir weh, zu sehen, wie wenige Menschen dazu bereit sind –, dann werden wir durch unser eigenes Leben bestraft. Und dann wundern wir uns, warum es so hart mit uns

umspringt. Doch jene Menschen, die geduldig üben – sitzen, sitzen, sitzen –, die beginnen, ausdauernd im alltäglichen Leben zu üben, werden immer mehr von der Freude erfahren, die in einer Beziehung liegt, in der das eine Nicht-Selbst einem anderen Nicht-Selbst begegnet. Mit anderen Worten: Offenheit begegnet Offenheit. Das ist sehr selten, aber es kann geschehen, und ich weiß nicht einmal, ob wir das Wort »Beziehung« gebrauchen können, wenn es geschieht. Wer tritt da mit wem in Beziehung? Man kann nicht sagen, ein Nicht-Selbst tritt in Beziehung zu einem Nicht-Selbst. Deshalb gibt es für diesen Zustand, für dieses Erlebnis keine Worte. Und in dieser zeitlosen Liebe und in diesem Mitgefühl ist, wie der dritte Patriarch sagte: »Kein Gestern, kein Morgen, kein Heute.«

Blüte

Der einfache Geist

Der einzige Geist, der das Leben auf verwandelte Weise wahrnehmen kann, ist ein einfacher, einfältiger Geist. Unser Bewußtsein kann eine Vielfalt von Dingen aufnehmen, ebenso wie ein Auge viele Details zugleich sehen kann. Aber das Bewußtsein selbst ist ein-fach, ein-fältig. Es bleibt unwandelbar, ohne Hinzufügungen, ohne Modifikationen. Bewußtsein ist ganz einfach; wir müssen nichts dazutun, wir müssen es nicht verändern. Es ist anspruchslos und bescheiden; es kann nicht anders, als so zu sein. Bewußtsein ist kein Ding, das durch dieses oder jenes beeinflußt werden kann. Wenn wir aus reinem Gewahrsein leben, werden wir nicht durch unsere Vergangenheit, unsere Gegenwart oder unsere Zukunft beeinträchtigt. Da Bewußtsein nichts vortäuschen kann, ist es bescheiden. Es ist schlicht und einfach. Auf dem Übungsweg geht es darum, einen einfachen Geist zu entwickeln oder zu entdecken. Ich höre beispielsweise oft, daß Leute sich beklagen, sie fühlten sich von ihrem Leben überrollt. Sich überrollt zu fühlen heißt, sich gefangennehmen zu lassen von all den Objekten, den Gedanken, den Ereignissen des Lebens, emotional besetzt zu sein von ihnen und dadurch in Wut und Aufregung zu geraten. Wenn wir in diesem Zustand sind, tun und sagen wir möglicherweise Dinge, die uns selbst und anderen Menschen weh tun. Anders als der einfache Geist des reinen Gewahrseins sind wir verwirrt von der Vielfalt der äußeren Welt. Wir können dann nicht sehen, daß alles Äußere wir selbst sind. Wir können nicht sehen, daß alles Existierende wir sind, solange wir nicht achtzig oder neunzig Prozent unserer Zeit aus dieser Einfachheit heraus leben können. Auf dem Übungsweg geht es um die Entwicklung dieser Art von Geisteshaltung. Es ist nicht leicht, es bedarf endloser Geduld, Sorgfalt und Entschlossenheit.

In dieser Einfachheit, diesem Gewohntsein verstehen wir Vergangenheit, Gegenwart und Zukunft und sind immer weniger beeinflußbar durch all die Erfahrungen, die auf uns einstürmen. Wir können unser

Leben dankbar und erfüllt von Mitgefühl leben. Unser Leben dreht sich dann nicht mehr um Urteile wie: »Ach, er ist so ungerecht zu mir. Was bin ich doch für ein armes Opfer.« »Du hast mich verletzt.« »Du bist nicht so, wie ich dich gerne hätte.« Die Schüler sagen mir manchmal, daß nach einem *Sesshin* das Leben einfach fließt, ohne Probleme. Es sind noch dieselben Umstände da, aber sie bereiten weniger Schwierigkeiten. Das geschieht, weil der Geist in einem *Sesshin* einfacher wird. Leider verlieren wir diese Einfachheit bald, weil wir uns wieder in das verrennen, was uns als außerordentlich komplexes Leben rings um uns erscheint. Wir haben das Gefühl, die Dinge seien nicht so, wie wir sie wollen, und wir beginnen zu kämpfen und uns ganz unseren Emotionen auszuliefern. Wenn das geschieht, verhalten wir uns leider oft sehr destruktiv.

Je länger wir sitzen, desto öfter erleben wir – zunächst nur kurze Zeit, dann länger –, daß wir spüren, wir müssen nicht gegen die anderen sein, selbst wenn sie schwierig sind. Anstatt sie als Probleme zu sehen, beginnen wir, ihre Schwächen sympathisch zu finden, ohne das Bedürfnis, etwas an ihnen zu verbessern. Wir können beispielsweise die Tatsache sympathisch finden, daß sie zu schweigsam sind oder daß sie zuviel sprechen oder daß sie zuviel Make-up auflegen. Sich der Welt ohne Urteil zu erfreuen ist das, was ein verwirklichtes Leben ausmacht. Es bedarf vieler, vieler Jahre des Übens. Selbst dann kann man natürlich noch nicht jedes Problem ohne Reaktion wahrnehmen; aber es hat eine Verschiebung stattgefunden, und wir entfernen uns von einem rein reaktiven Leben, in dem alles, was geschieht, immer nur unseren bevorzugten Abwehrmechanismus auslösen kann.

Ein einfacher Geist ist nicht geheimnisvoll. In einem einfachen Geist ist einfach nur Gewahrsein da. Er ist offen, er ist durchlässig. Es ist nichts Kompliziertes daran. Bei den meisten von uns ist dieser Zustand allerdings den größten Teil der Zeit unerreichbar. Je mehr wir jedoch Berührung mit einer solch schlichten Geisteshaltung bekommen, desto eher spüren wir, daß alles nur wir selbst sind, und desto eher fühlen wir uns für alles verantwortlich. Wenn wir unsere Ver-

bundenheit wahrnehmen, müssen wir anders handeln.
Sind wir in unserem eigenen Denken gefangen, tun wir unsere Arbeit nicht – nämlich Vergangenheit und Zukunft gleichermaßen in der Gegenwart zu erfahren. Wir stellen uns sogar vor, daß es in Ordnung wäre, allein und isoliert in einem Zimmer zu sitzen und sich über alles mögliche aufzuregen. In Wirklichkeit tun wir unsere Arbeit nicht, wenn wir uns auf diese Weise gehenlassen, und unser ganzes Leben wird davon beeinträchtigt. Wenn wir das Gewahrsein aufrechterhalten, geschieht Heilung, ob wir es wissen oder nicht. Wenn wir lange genug üben, beginnen wir die Wahrheit zu ahnen: Wir begreifen allmählich, daß das »Jetzt« Vergangenheit und Zukunft und Gegenwart umfaßt. Wenn wir in einer einfachen Geisteshaltung meditieren können und nicht in unseren eigenen Gedanken gefangen sind, beginnen wir allmählich etwas zu ahnen, und eine Tür, die bisher geschlossen war, öffnet sich allmählich. Damit das geschehen kann, müssen wir mit unserer Wut, unserer Aufregung, unseren Urteilen, unserem Selbstmit-

leid und unserer Vorstellung arbeiten, daß die Vergangenheit die Gegenwart beeinflusse. Wenn sich die Tür öffnet, sehen wir, daß die Gegenwart absolut ist und daß das ganze Universum in gewissem Sinne in diesem Augenblick, in jeder Sekunde neu beginnt. Und die Heilung unseres Lebens geschieht in dieser Sekunde des einfachen Gewahrseins.

Heilung bedeutet, mit einem einfachen Geist einfach nur hier zu sein.

Freude

Mir wird oft vorgeworfen, daß ich zu viel auf den Schwierigkeiten beim Üben herumreite. Dieser Vorwurf ist berechtigt. Tatsächlich gibt es diese Schwierigkeiten; wenn wir sie nicht erkennen und nicht wissen, warum sie entstehen, laufen wir Gefahr, uns selbst etwas vorzumachen. Aber die eigentliche tiefere Wirklichkeit – nicht nur beim Sitzen, sondern auch in unserem ganzen Leben – ist Freude. Mit Freude meine ich nicht Glücklichsein; das ist nicht das gleiche. Glücklichsein hat ein Gegenteil, Freude hat es nicht. Solange wir nach dem Glück streben, werden wir auch immer wieder unglücklich sein, weil wir zwischen beiden Polen hin- und herschwingen.

Von Zeit zu Zeit erleben wir wirkliche Freude. Sie kann plötzlich während der Meditation dasein oder in einem anderen Augenblick unseres Lebens. Vielleicht sind wir auch eine Zeitlang nach einem *Sesshin* von Freude erfüllt. Nach einigen Jahren auf dem

Übungsweg vertieft sich unsere Erfahrung der Freude – wenn wir wissen, worum es beim Üben geht, und wenn wir auch eifrig üben. Die meisten tun das nicht.

Freude ist nicht etwas, das wir finden müssen. Freude ist das, was wir sind, wenn wir nicht mit etwas anderem beschäftigt sind. Wenn wir versuchen, Freude zu finden, fügen wir der grundlegenden Tatsache dessen, was wir sind, einen Gedanken hinzu – und einen nicht besonders nützlichen zudem. Wir müssen nicht nach Freude Ausschau halten. Aber wir müssen durchaus etwas tun. Die Frage ist: was? Wir empfinden selten Freude in unserem Leben und versuchen dauernd, ein Mittel gegen diese Freudlosigkeit zu finden.

In unserem Leben geht es vor allem um Wahrnehmung. Die Wahrnehmung umfaßt alles, was wir durch die Sinne aufnehmen. Wir sehen, wir hören, wir berühren, wir riechen und so weiter. Daraus besteht das Leben eigentlich. Die meiste Zeit jedoch ersetzen wir die Wahrnehmung durch eine andere Aktivität; wir überdecken sie mit etwas anderem, das ich Bewertung nennen möchte. Mit Bewertung meine ich keine objektive leidenschaftslose Analyse – wie wenn wir beispielsweise ein unordentliches Zimmer vor uns haben und abschätzen, was wir tun müssen, um es wieder schön zu machen. Die Bewertungen und Überlegungen, die ich meine, sind egozentrisch: »Wird diese nächste Episode in meinem Leben mir etwas bringen, was ich mag, oder nicht? Werde ich verletzt oder nicht? Wird sie angenehm oder unangenehm sein? Spiele ich dabei eine wichtige oder eine unwichtige Rolle? Springt materiell etwas dabei für mich heraus?« Es liegt in unserem Wesen, die Dinge so zu bewerten. Aber in dem Maß, wie wir uns solchen Bewertungen hingeben, wird auch die Freude in unserem Leben ausbleiben.

Es ist erstaunlich, wie schnell wir in diese Bewertungen hineinrutschen. Vielleicht fühlen wir uns ganz wohl bei dem, was wir gerade tun – und dann werden wir plötzlich von jemandem kritisiert. In Bruchteilen von Sekunden fabrizieren wir eine Menge Gedanken dazu. Wir sind nur allzu bereit, uns auf diesen interessanten Standpunkt des Beurteilens anderer und unserer eigenen Person zu begeben. Das ist alles sehr dramatisch, und gerade das mögen wir mehr, als es uns selbst klar ist. Solange sich das Drama nicht zu sehr in die Länge zieht und uns bedroht, lassen wir uns bereitwillig darauf ein, weil wir als Menschen einfach von Natur aus zum Drama neigen. Vom gewöhnlichen Standpunkt aus ist das Leben in einer Welt der reinen Wahrnehmung ziemlich langweilig.

Nehmen wir an, wir waren eine Woche im Urlaub und kommen zurück. Vielleicht haben wir es genossen, oder wir glauben zumindest, wir hätten es genossen. Wenn wir an unseren Arbeitsplatz zurückkehren, hat sich eine Menge angesammelt, das aufzuholen ist, und überall auf dem Schreibtisch liegen entsprechende Notizen. Wenn uns jemand am Arbeitsplatz anruft, bedeutet das gewöhnlich, daß er etwas von uns will. Jemand, den wir mit einer Aufgabe beauftragt haben, hat sie vielleicht nicht erledigt. Sofort beginnen wir die Situation zu bewerten. »Wer hat das verschlampt?« »Wer hat da wieder herumgetrödelt?« »Warum ruft sie an? Wahrscheinlich wieder wegen der alten Geschichte.« »Sollen sie sich doch selbst darum kümmern. Warum müssen sie denn mich anrufen?« Ähnlich geht es uns vielleicht nach einem *Sesshin*, nach dem wir von Freude erfüllt sind und spüren, wie das Leben im Fluß ist; dann fragen wir uns, warum dieses Gefühl plötzlich dahinschwindet. Es ist zwar gar nicht dahingeschwunden, aber trotzdem ist etwas geschehen: Wolken haben den klaren Blick getrübt.

Bevor wir nicht erkennen, daß Freude genau das ist, was jetzt geschieht, abzüglich unserer Meinung darüber, werden wir nur wenig wirkliche Freude erleben. Wenn wir aber in der Wahrnehmung bleiben, anstatt uns in der Bewertung zu verlieren, kann sogar der Mensch Freude für uns bedeuten, der die Arbeit während unserer Abwesenheit nicht erledigt hat. Sie kann auch in der interessanten Begegnung am Telefon mit all den Menschen bestehen, die wir anrufen müssen, gleichgültig, was sie nun von uns wollen. Halsweh zu haben kann Freude bedeuten; es kann Freude bedeuten, gekündigt zu bekommen oder unerwartet Überstunden machen zu müssen. Es kann Freude bedeuten, ein Mathematikexamen abzulegen oder mit dem früheren Ehepartner zu tun zu haben, der mehr Geld haben will. Aber wir glauben im allgemeinen natürlich nicht, daß diese Dinge mit Freude zu tun haben.

Auf dem *Zen*-Weg geht es um den Umgang mit dem Leiden. Nicht, daß das Leiden an sich wichtig oder wertvoll wäre, aber es ist unser Lehrer. Es ist die andere Seite des Lebens, und solange wir nicht das ganze Leben sehen können, erleben wir auch keine Freude. Wenn wir aufrichtig sind, ist ein *Sesshin* kontrolliertes Leiden. Wir bekommen darin die Chance, uns in einer Übungssituation mit unserem Leiden auseinanderzusetzen. Beim Sitzen müssen wir uns in allen traditionellen Eigenschaften eines guten *Zen*-Schülers bewähren: in der Ausdauer, der Bescheidenheit, der Geduld, dem Mitgefühl. Diese Dinge klingen großartig, wenn wir in Büchern über sie lesen, aber wenn uns etwas weh tut, sind sie weniger anziehend. Deshalb sollte ein *Sesshin* nicht leicht sein: Wir müssen lernen, bei unserem Leiden zu sein und trotzdem richtig zu handeln. Wenn wir lernen, unsere Erfahrung, wie sie auch sein mag, anzunehmen, sind wir uns der Freude, aus der unser Leben besteht, eher bewußt. Ein *Sesshin* ist eine gute Chance, um diese Lektion zu lernen. Wenn wir bereit sind, zu üben, kann Leiden sich für uns positiv auswirken. Niemand von uns möchte diese Tatsache zur Kenntnis nehmen. Auch ich versuche natürlich, dem Leiden aus dem Weg zu gehen; es gibt eine Menge Dinge, von denen ich keineswegs möchte, daß sie in meinem Leben geschehen. Aber wenn wir nicht lernen, ganz in der Erfahrung zu leben, auch wenn sie schmerzlich ist, werden wir die Freude nie kennenlernen. Freude heißt, mit unseren Lebensumständen, wie sie sind, eins zu sein, auch wenn es bedeutet, daß jemand ungerecht zu uns ist, oder daß jemand die Unwahrheit über uns verbreitet.

Der materielle Reichtum des Landes macht es uns in gewisser Weise schwer, die ursprüngliche Freude des Daseins zu erfahren. Leute, die nach Indien gereist sind, berichten manchmal, daß sie dort trotz der großen Armut außergewöhnlicher Freude begegnet sind. Die Menschen dort, die sich ununterbrochen mit Leben und Tod auseinandersetzen müssen, haben etwas gelernt, was für die meisten von uns sehr schwer ist: Sie haben gelernt, jeden Augenblick zu schätzen. Wir haben es darin noch nicht sehr weit gebracht. Gerade unser Wohlstand – all die Dinge, die wir als selbstverständlich betrachten, und all die Dinge, von denen wir nicht genug kriegen können – ist in gewisser Hinsicht ein Hindernis. Es gibt aber auch noch andere Hindernisse, grundlegendere. Doch unser Wohlstand spielt dabei bestimmt eine große Rolle.

Bei unseren Meditationsübungen kehren wir immer wieder zur Wahrnehmung zurück, zum bloßen Dasitzen. Üben bedeutet einfach hören, einfach sehen, einfach spüren. Das ist es, was die Christen das »Angesicht Gottes« nennen: die Welt, wie sie sich manifestiert, einfach wahrzunehmen. Wir fühlen unseren Körper; wir hören die Autos und die Vögel. Das ist alles. Aber wir sind nicht bereit, mehr als ein paar Sekunden in dieser Welt der reinen Wahrnehmung zu verweilen. Schon sind wir wieder abgelenkt, erinnern uns an das, was uns letzte Woche widerfahren ist, oder denken über das nach, was nächste Woche ge-

schehen wird. Wir denken zwanghaft über Leute nach, mit denen wir Schwierigkeiten haben, über unsere Arbeit oder über sonst etwas. Es ist ganz natürlich, daß solche Vorstellungen in uns aufsteigen, aber wenn wir uns in ihnen verlieren oder festbeißen, sind wir in der Welt der Bewertung von unserem egozentrischen Standpunkt aus. Die meisten von uns verbringen den größten Teil ihres Lebens mit dieser Sicht der Dinge.
Es ist ganz natürlich, zu denken: »Wenn ich nicht so einen schwierigen Partner (oder schwierigen Mitbewohner oder irgend etwas anderes Schwieriges) hätte, dann könnte ich sicher viel ruhiger leben. Ich könnte das Leben viel mehr genießen.« Das mag für eine gewisse Zeit stimmen. Natürlich würde das Leben eine Zeitlang besser verlaufen. Aber solche Annehmlichkeit ist nicht so wertvoll wie die Auseinandersetzung mit dem, was uns ärgert oder aufregt, weil gerade dieser Ärger und dieses Aufgeregtsein (unsere Neigung, an unseren Dramen zu hängen, uns in ihnen zu verlieren, die Gedanken wie wild kreisen und die Emotionen brodeln zu lassen) das Hindernis ist. In solch

einem Leben gibt es keine wirkliche Freude; es gibt überhaupt keine Freude. Wir laufen aber vor unseren Schwierigkeiten davon; wir versuchen etwas zu eliminieren – unseren Partner, unseren Mitbewohner oder sonst etwas –, damit wir den vollkommenen Ort finden, an dem uns nichts mehr aufregen kann. Hat irgend jemand solch einen Ort gefunden? Wo könnte er sein? Was könnte ihm auch nur annähernd gleichen?

Vor Jahren erlaubte ich mir, zehn Minuten am Tag von einer tropischen Insel zu träumen, und jeden Tag richtete ich mir meine kleine Hütte ein bißchen besser ein. Kurz: Mein Phantasieleben wurde immer großartiger. Schließlich hatte ich alles, was das Leben angenehm macht. Es gab alles zu essen, was das Herz begehrt, ich war umgeben von einem friedlichen Meer, hatte eine Lagune vor mir, die zum Schwimmen einlud, nur ein paar Schritte von der Hütte entfernt ... Nichts gegen bewußtes Tagträumen, wenn es zeitlich begrenzt ist. Aber mein Traum konnte nicht existieren, es gab ihn nur in meinem Kopf. Es gibt keinen Ort auf der Erde, an dem wir von uns selbst frei wären. Wenn wir meditierend in einer Hütte säßen, würden wir immer noch irgend etwas denken wie: »Wie edel von mir ist es, hier in dieser Hütte zu sitzen!« Und nach einiger Zeit: »Was für eine Ausrede könnte ich erfinden, hier rauszukommen, ohne mein Gesicht zu verlieren?« Wenn wir innehalten und herausfinden, was wir wirklich fühlen oder denken, werden wir – selbst wenn wir wirklich hart an uns arbeiten – immer noch einen dünnen Schleier von Eigensucht finden, der über unserem Tun liegt. Erleuchtung bedeutet einfach, davon frei zu sein. Erleuchtung bedeutet, einfach das, was wir tun, ganz zu tun und auf das zu reagieren, was sich uns darbietet. In der modernen Sprache heißt das »im Fluß sein«. Freude ist eben dies: Etwas geschieht; ich nehme es wahr. Etwas ist notwendig, und ich tue es; und dann das nächste und das nächste. Dann nehme ich mir etwas Zeit für einen Spaziergang oder für ein Gespräch mit Freunden. Wenn wir unser Leben so leben, gibt es keine Probleme.

Über die Autorin:

Charlotte Joko Beck ist die Autorin von »Zen im Alltag« (Knaur TB 4236) und »Einfach Zen« (Knaur TB 86070). Sie lebt und arbeitet im Zen-Center in San Diego, Kalifornien.